家庭教育艺术
JIAOYU YISHU

U0459258

听孩子说

胜过对孩子说

衡孝芬 / 编著

民主与建设出版社

© 民主与建设出版社，2019

图书在版编目（ＣＩＰ）数据

听孩子说胜过对孩子说 / 衡孝芬编著. -- 北京：

民主与建设出版社, 2019.11

（家庭教育艺术）

ISBN 978-7-5139-2426-9

Ⅰ.①听… Ⅱ.①衡… Ⅲ.①青少年教育—家庭教育

Ⅳ.①G782

中国版本图书馆CIP数据核字(2019)第269764号

听孩子说胜过对孩子说

TING HAI ZI SHUO SHENG GUO DUI HAI ZI SHUO

出 版 人	李声笑
编 著	衡孝芬
责任编辑	刘树民
封面设计	三石工作室
出版发行	民主与建设出版社有限责任公司
电 话	（010）59417747 59419778
社 址	北京市海淀区西三环中路10号望海楼E座7层
邮 编	100142
印 刷	三河市天润建兴印务有限公司
版 次	2019年11月第1版
印 次	2020年1月第1次印刷
开 本	880毫米×1230毫米 1/32
印 张	30
字 数	756千字
书 号	ISBN 978-7-5139-2426-9
定 价	198.00元（全六册）

注：如有印、装质量问题，请与出版社联系。

　　家庭教育通常是指在家庭生活中，由家长对其子女实施的教育。这里的家长主要是指父母，当然也包括其他家庭成员。家庭教育是父母有意识地通过自己的言传身教和家庭生活实践，对子女施以一定教育影响的社会活动。

　　人的一生中必须要接受三种教育，那就是家庭教育，学校教育和社会教育。每个孩子一出生，家庭教育就已经在无形中产生了。家庭教育是伴随其一生的教育，因此有一句话说"父母是孩子最好的老师"。想要培养孩子良好的心理素质和行为习惯，就必须经历这种不间断的教育过程。

　　苏联著名教育学家苏霍姆林斯基曾把孩子比作一块大理石，他说："把这块大理石塑造成一座雕像需要六位雕塑家：一是家庭，二是学校，三是儿童所在的集体，四是儿童本人，五是书籍，六是偶然出现的因素。"从排列顺序上看，家庭被列在首位，可以看出家庭教育在这位教育学家心中占据相当重要的地位。

　　家庭教育是一门艺术，家庭教育的好坏常常影响一个孩子的一生，一个人在未来能否取得大的成就在很大程度上取决于其家庭教育的好坏。纵观古今，一个人的发展受成长环境的影响极大，往往各个领域的优秀人才，十之八九都是受过良好家庭教育的人。

同学校教育相比，家庭教育更加具有连续性，对孩子的影响也更大。所以，要想培养出优秀的孩子，家长就必须要有正确的教育观念，合理利用一切教育资源，掌握家庭教育的艺术。

为了帮助各位父母解决家庭教育的困惑，我们特地编撰了本套丛书，包括《好性格让孩子受用终生》《正面管教孩子》《孩子为你自己读书》《听孩子说胜过对孩子说》《高情商孩子培养术》《洛克菲勒给孩子的38封信》六册书，分别讲述了作为父母如何培养孩子的独立性格、怎样提高孩子的情商、如何培养孩子的学习精神、怎样尊重孩子、如何教育孩子成才等诸多问题。这些家庭教育艺术的不同侧面，为我们培养孩子健康成长提供了全方位的借鉴和参考。

总之，本套书集针对性、指导性和实用性于一体，融汇了教育孩子的不同方法和诸多措施，是进行家庭教育的良好读本，适合不同年龄段孩子的父母学习和珍藏。

目　录

第一章

听孩子说，胜过对孩子说

孩童时期是人一生当中最重要的时期，可以说，这一时期所得到的东西对人未来几十年的发展是至关重要的。在这一时期当中，人的思维活跃，智力快速发展，也更愿意向外界发表自己虽懵懂但是充满创造性的语言。而作为父母的你，做好倾听的准备了吗？

最优秀的父母，永远都是听孩子话的父母

做"听话"的父母

无论大人小孩，每个人都希望有机会谈心，表达自己的内在感受，分享快乐、分担烦恼；积极和消极的都表现出来，并只有察觉到对方这个聆听者，能真正了解他的想法时，才听得进对方的话。

所以，父母作为倾听者，给予孩子的关注、尊重、空间与时间，是给孩子最有效的帮助让孩子透过言语来表达内心的感受。

"我妈从来不愿意听我说话，也不允许我插嘴，她总是说，小孩子懂什么，一边看书做作业去！"

"我家里人都是各顾各的，很少在一起说话聊天什么的，很闷哦！"

"话说不到一块，还不如上网聊天痛快。反正大人不喜欢和我们孩子聊天。"

几个孩子在一起叽叽喳喳的，都在说自己父母的不是，语气里流露出对父母的不满。

据调查，发现大多数家长都没有与孩子交流的习惯，有的说自己忙，没有那闲工夫；有的说与孩子没有共同话题，很难说得起来。难怪，父母与孩子之间的代沟会随着孩子的成长而越来越深。

其实，孩子是很喜欢与自己父母说话的，因为他们认为父母是

自己最亲近的人，在一起应该是最无拘无束的。孩子有高兴的事，首先想到的是告诉父母，与父母分享快乐；如果有烦恼的事，也很想得到父母的开导和为自己分忧。

如果父母能时时刻刻关注孩子的情绪，耐心地倾听孩子说话，特别是情感上的倾诉，就会与孩子贴得更近。不但能及时分享孩子成功的快乐，同时也能帮助孩子排忧解难，消除孩子精神方面的"包袱"和情绪上的"垃圾"，让孩子变得轻松快乐起来；更重要的是，能使孩子及时获得心理上的调整与生理方面的恢复，以便更好地投入学习和生活。

美国有一位非常有名的大牌电视节目主持人，主持一个与孩子对话的节目。有一次，她测试孩子说："假如你驾驶飞机载着乘客在空中飞行，突然发现飞机有问题，出现故障，没油了，你怎么办？"

这小孩直截了当地说："我就赶快跳伞，让他们在飞机上等着我，我要第一个跳伞！"

坐在台下的许多观众就哈哈哈大笑起来，有的观众还笑得东倒西歪的，就觉得孩子真鬼头，一发生故障他第一个跳伞，先想到自己跳伞自己逃生。

这位主持人接着问道："然后呢？"

这个小孩说："我去取汽油，我还得回来救他们。"

听到这句话，这些大笑的观众们止住了笑声。他们没想到在孩子单纯的、幼稚的举动当中，包含着一颗博爱的心。

这位主持人有一个十分可贵的地方，就是她继续倾听孩子的讲话，最终了解了孩子的真实想法。

家长有的时候会因为对孩子的偏见，认为孩子没有多少想法，或者认为孩子自私，或者认为孩子空想，而误解甚至冤屈了孩子。其实孩子也是人，孩子也有丰富的心灵，需要特别注意倾听他们的心声。

学会怎样倾听孩子的声音

（1）聆听的机会

父母需要认同、接纳孩子的个人感受，并且随时抽出时间，准备好聆听孩子的心声。在孩子年纪小时就开始，最好每天有一段与父母谈心的时间，时间不在于长短，而是固定的。例如：放学后、吃晚饭时、散步、上床前等，尽量安排亲子的活动。

孩子年纪越小，记忆力越有限，最好养成当天的事情，当天有机会与父母谈。告诉孩子，每天什么时候，是他专用时间，可以单独与爸爸妈妈谈心。孩子对这样的安排，通常是很兴奋的。

（2）听话要听音

倾听是一种爱。有的时候，对孩子要听话听音。其实成年人的偏见是很多的，他们觉得孩子没有什么思维，孩子很简单，孩子很幼稚，孩子不懂事，其实未必。没有倾听就难以发现。有的时候，孩子表达的只言片语都是真实的、可贵的信息。

我们要学会翻译，学会继续追问。比方这个时候你可以温柔地拥抱着孩子，问他：是吗？怎么回事啊？让孩子用平静的心情把事实断断续续地说出来，这个时候你才能得到重要的信息，才能做出恰当的判断。所以倾听是一种爱，倾听的艺术就是教育的艺术。

（3）关注孩子的情绪变化，认真倾听孩子的每一句话在我们教育孩子的时候，父母往往是主动的角色。因而父母有的时候很容易进入一个误区，就是一见到孩子，特别是碰到孩子发生什么问题的时候，就滔滔不绝，口若悬河不停地教育。在父母看来，孩子要多说，多批评，孩子才会有进步。

其实，这样的看法与做法未必明智，为什么呢？因为你可能太急于表达，却忽略了孩子的反应。孩子可能根本没有听懂你的话，或者一个耳朵进，一个耳朵出，你的教训完全没有发挥作用，反而还可能恶化了你们的亲子关系。

（4）倾听从幼儿时期开始

孩子越小越愿意倾诉，父母应充满耐心与兴趣地倾听，因为这是沟通的黄金时期。为什么会有许多父母抱怨孩子越大越不愿意和他们交流？

其实部分原因是源于孩子在小的时候倾诉的意愿没有得到父母完全的重视，因而渐渐地孩子也就不愿意和父母交流了。其实，孩子年纪越小，越是沟通的黄金时期。如果坚持下去，孩子即便大了，也会习惯于与父母交流。

（5）给孩子安全感和信任感

当孩子有安全感和信任感时，才会向其信任的成年人诉说心灵的秘密。因此，父母应无条件地爱孩子，忧其所忧，乐其所乐。这样，才有可能经常倾听到孩子的心灵之音，而这是教育成功的前提。

（6）孩子描述烦恼时，要鼓励他建立充分信心

当孩子遇到困难、烦恼时，是孩子最脆弱的时候，此时他非常需要家长的帮助，这是倾听孩子，与孩子沟通的最好时机，所以要耐心倾听，积极引导，这样会达到沟通的最佳状态。

家长如果长期与孩子沟通不够，会使孩子慢慢地把自己的内心世界封闭起来，性格也会变得内向，与父母产生距离感，从此有话也不愿意对父母说。听孩子说话，其实能获取很多乐趣的。童言无忌，他们说的话很多都是内心世界的反映，倾听他们说话，就能使自己真正走进孩子的内心，更加了解孩子的思想。

要珍惜孩子向你倾诉的机会，抽出时间来耐心听他们把话说完，同时及时为孩子排忧解难，鼓励他们，支持他们，与孩子建立起朋友关系，做孩子最信任的人。

（7）巧妙回答孩子的"为什么"

孩子的小脑袋总是有那么多的为什么，特别是小的时候，看见什么都好奇，都要问个为什么。相信很多大人都会被孩子问道"为什么会下雨"，"为什么会刮风""我是从哪里来的"……

父母遇到孩子的为什么，有时会欣然解释，有时会避而不谈，有时则粗暴的回答不知道。殊不知这样就打击了孩子的好奇心，上进心，从而丧失了培养孩子好学的机会。那孩子为什么会有那么多的问题？

探究孩子求知心的来源

（1）兴趣和关心

孩子随着身心的成长，以自己为中心，对于周围的事情产生强烈的兴趣。由于希望更了解感兴趣的对象，所以就会提出各种问题。孩子可以说就是在燃烧兴趣的这种能源中成长。

只要有说话的对象，孩子就会不断地问问题。"那个是什么""为什么会这样子呢""结果会怎么样呢"等，针对所见所闻不断地发问。

孩子随着智能的发育，对于知识的好奇心升高，兴趣越来越广，而且越来越深奥，于是他会不断地发问。如果他的问题得到解答，他会越来越扩展其兴趣范围，问题也会更多。

（2）好奇心

孩子往往因为兴趣、关心而提出问题，他会对奇怪的、罕见的东西产生非常强烈的好奇心，非常想了解。充满好奇心的双眼一接触到奇怪的对象时，首先是惊讶，接下来注目，然后是思考会怎么样。

"邮筒为什么是绿色的呢？"

"兔子的眼睛为什么是红色的呢？"

"金鱼在水中不觉得辛苦吗？"

因为充满好奇，所以问题也很多。

（3）其他动机

除此以外，孩子发问的动机还有很多。

孩子为了练习语言、学习新的能力，因此会有自发性地使用本身所具备能力的行动。为了使用自己会说的话，所以会不断地问问题。将自己所了解的词汇和事情联结在一起，借着语言而了解更多的其他事情，这种收获让孩子感到高兴。

因为不安、好奇心和恐惧而提出问题。如果曾经被狗咬过，或曾被狗吠过，遇到其他动物时，也会问"它会咬我吗？""它会对我大叫吗？"这是孩子想尽早逃离危险动物的欲求，也就是为了确定有没有危险而提出问题。

也有时是为了引起注意、主张自我的存在而问问题。当然也有为了表示反抗、表达出内心的不满，表示出自己生气的意思，因而提出问题。

学会巧妙地回答孩子提出的各种问题

（1）配合孩子的智能发展，用让他容易了解的方式说明。对年幼的孩子就用拟人化、童话的方式。

（2）认真回答、不要用压迫性态度、不要敷衍

在大人看来也许很无聊的问题，小孩却会一再地提出质疑。一位母亲说："又要工作、又要照顾小孩，有时候又得与老师沟通。当忙碌时、疲劳时，听见小孩问一些无谓的问题，有时会觉得很烦。"

相信有同感的母亲也不少。然而，不管什么时候，都请尽量当小孩的最佳听众，对于小孩提出的问题，诚心诚意地回答。如果你不制造让小孩问有关自己思想的问题的话，恐怕他的问题就会逐渐减少。

小孩不问问题的最大原因，是由于得不到让孩子自己满足的答案、被拒回答、受责骂等等。此外，如果他感受不到对方的真诚，则态度也会有180度转变，成为不爱开口的小孩。

（3）尽量当场回答

如果孩子发问，最好能当场立刻回答。这对于孩子而言可使其学习欲高涨，而且能充分理解。

实在答不出来时可以说"妈妈现在不知道怎么回答你，等我去问问别人之后再来告诉你，好不好？"

约定之后就一定要遵守。即使孩子忘记了，你也应该去问问其他人或翻阅书籍以找出正确答案。孩子发问时立刻回答非常重要，父母认真回答的态度更重要。父母和孩子借由问答的方式建立良好的关系，也能加强心灵的交流，加深彼此感情。亲子关系越好的孩子，发问的次数也越多。

（4）不要嘲笑孩子的问题

孩子提出的问题中，从大人的眼光来看，有些是很笨的问题。但是，如果只依照大人的印象就嘲笑孩子的问题，孩子会觉得自己被嘲笑，认为自己真笨。其实即使在大人的印象中看似傻问题，但是仔细想想却不然。

"你真笨，怎么连这个都不知道？" "我上次不是才告诉你吗？怎么马上就忘了呢？都不注意听。" 这种轻视孩子的回答方法，是绝对不可取的。因为孩子受到轻视、嘲笑之后，就会失望，会变得胆小，会对于问问题感到恐惧，因此就不再发问了。

（5）小孩子无法理解答案时就让他拥有希望

经常会发生无论对孩子如何说明，看书、图鉴等但孩子仍无法了解的情形，大人会说："你真烦，你问的这些问题怎么妈妈一直说你还不了解呢！"

这种轻视孩子的态度，会带给孩子自卑感。孩子发问时，基本上你不可以忘记一点，不论是什么场合，都必须创造孩子持续发问的气氛。"你真啰嗦" "你真笨" 这种马上否定的方法是最笨拙的回答法。

孩子本来是欲望高涨的，被你一泼冷水就什么欲望也没了。不论对任何人都怀有好意，笑嘻嘻地接近他人，这就是孩子，让他人摸摸脸颊、疼爱他。但是看到任何人都觉得生气、悲伤，无论如何都无法和他人亲近的孩子，又是怎么造成的呢？

二者之差别相信每位家长心里都有数。对于孩子提出的问题，大人是予以拒绝或回答，因这种态度的不同，也造就了孩子以后态度的不同。

（6）关于性的问题要立刻回答，不要犹豫

小孩子的问题都很天真无邪，也常常问及性的问题，比如：小孩是怎么生出来的？爸爸为什么不会生小孩？等等。家长要根据孩子的年龄和理解能力，可以采取直接明了的回答或推到适当的时候。但都要给一个合理的答复。千万不可给孩子留下一个胡乱猜想、日夜不解的尾巴。

如果家长未正确教导孩子关于性的知识，则也许会使他从其他方面得到错误的知识或其他不正确的兴趣。到最后产生不良后果。所以，家长要摆正心态，正确地引导孩子。

总之，父母要采用"因材施教"的方法回答孩子的问题。针对孩子的年龄、智能、性格、过去的经验、知识的程度、提出问题的动机、身心状态等来回答。不要嫌孩子麻烦，不要粗暴地打发孩子，要有耐心地回答孩子的问题，和孩子聊天。

小时候不把他当人，他长大了也当不了人

我国伟大的思想家、作家鲁迅先生在教育孩子方面曾说过："小时候不把他当人，那他长大了也当不了人"谷歌全球副总裁李开复也说过类似的话："在你心里你的孩子可能永远长不大，但很多孩子在15岁或更早的时候就愿意把自己当作大人来考虑，这时家长完全可以用成人的谈话方式和孩子讨论问题，而不再用完全的'家长'的谈话方式。"

一天晚上，齐齐的爸爸对他说："从明天开始，我们要

把你送到爷爷家里住一个月。到了那里一定要听爷爷奶奶的话，不要惹他们生气，知道吗？"

听到爸爸的话，齐齐很吃惊，接着大声地反对："为什么要把我送到爷爷那里，我不去！"

"不去不行，这个月爸爸和妈妈都要出差，没有人照顾你！"爸爸生气地对齐齐说。

"为什么你们不问我愿意不愿意呢？我不想去爷爷家！"齐齐难过得快要哭了。

"大人决定的事还要问你同不同意，你懂什么啊？这事你同不同意都得这样了，我和你妈妈都出差，总不能把你一个人放在家里吧！"爸爸一脸怒气地对齐齐说。

第二天，齐齐被爸爸送到了爷爷家里。他有一种被抛弃的感觉，他开始讨厌爸爸妈妈了……

在父母的眼中，孩子永远是孩子。父母经常对孩子说的一句话就是："这是大人的事，你小孩子懂什么？以后大人的事小孩少管。"孩子也是家庭中的一员，他们希望父母能重视他们的感受，遇到事情尤其是和自己密切相关的事情时，希望父母征求一下自己的意见，像对待大人一样对待自己。尽量尊重自己的意愿。而不是总以为孩子太小，什么也不明白，根本没有思考问题的能力，即使和他们商量也没有用。

当然，生活中有些大人的事情孩子是不必要知道，但是有些事情却完全应该让孩子参与讨论，特别是一些关于孩子自己的事情。尊重孩子的意愿，遇到和孩子相关的事情经常争取一下孩子的意见，问问他们想法，把他们当作大人来看待。这是孩子希望被尊重的表现。

尊重孩子，必须平等地对待孩子，把孩子当作家庭中人格平等的一个成员，而不是作为消极的、被动的"管束对象"，应该尊重他们的兴趣、爱好，支持他们有益、有趣的活动。

父母想要孩子做的事，如果和他商量，往往会收到很好的效果。例如："今天是星期天，咱们先去公园玩，回来再收拾你的玩具柜呢？还是先收拾玩具柜再出去玩呢？"经过孩子同意先做什么，他们就会认真对待，积极地整理玩具和图书。

孩子通过父母对他的态度，使其情感得到了愉快和满足，因此愿意听父母的话，愿意接受父母的教育。如果父母总是一味地命令，对孩子大声吆喝，孩子玩得兴趣正浓，非逼着他去洗澡不可，当然会使孩子不高兴。

即使需要去洗澡，也可用缓和的口吻跟孩子商量着说："毛毛该洗澡了，你还准备玩多久，5分钟行吗"？孩子会高兴地点点头。过一会，妈妈可说："就要到5分钟了，赶快收玩具吧，不然水要凉了"。孩子情绪愉快，会很快地按妈妈的要求去做。

苏联教育学家霍姆斯基说过："如果一个人不能宣告自己的存在，不能在人类心灵的每一个领域里成为主宰者，不能在活动和成就中确立自己的地位；如果他没有感到自己作为一个创造者的自尊感；如果他不能自豪地抬头走路，那么个性就是不可思议的。"

因此，孩子得到了父母的尊重，感觉到自己在家庭中的重要性，就会让他有一种责任感，对自己、对家庭以及对社会的责任感。长大以后他才会尊重父母，尊重别人。不要埋怨孩子不尊重你，也许他只是把你对他的方式又还给你了。所以，从现在开始，学着尊重孩子。

美国教育学家已经指出，培养孩子尊敬父母非常必要，但这并不是为了取悦于父母，这种礼貌品格最终将反映孩子对他人的态度。父母的管教方式将影响孩子今后对学校、执法机构法律权威、同学同事以及整个社会的看法和态度。从孩子呱呱落地之时，就同父母建立关系，相互影响。

如果孩子想吃糖而父亲不给，孩子便倒在地上，边哭闹边把头往地毯上撞。这情形一定会把做母亲的吓住，连忙答应孩子的要求："好啦好啦，赶快起来，我想一块糖对你也没有什么坏处！"孩子的哭闹就这样得到妈妈的奖励—，他对父母权力的挑战取得了决定性的胜利。

如果善良的母亲在孩子今后14年成长过程中，继续采用这种方式，孩子就会养成蛮横无理的恶习，待人处世就会像对待迁就他的母亲一样，要每个人都满足他的要求。稍不如意，就要发生激烈的冲突。在现实生活中，我们可以找出许多类似的例子，证明父母与孩子早期关系会对孩子将来的人际关系产生决定性的影响。

尊重是双边的，要求孩子从小尊重父母，父母就应首先尊重孩子。如果孩子在15岁以前不能养成尊重大人的习惯，他自然就形成了蔑视父母的性格。他心里会想："两个老笨蛋，我伤害他们，摆布他们，他们还自以为爱我，实际上我认为他们很怕我"。

在每次冲突中，他都感到自己比父母高出一筹，每次都是他取得主动权，父母以让步告终。长此以往，孩子就会变本加厉，更加放肆地对待父母。在他们眼里，父母是不值得尊重的，当然就不会接受父母的意见，也就反感父母给他灌输的思想观念。

因此，一切希望把良好品德传授给孩子的人，都必须牢记：教育者首先必须以身作则。如果父母都不值得尊重，那么社会道德、政府国家和一切做人的准则，也难以博得孩子的尊重。两代人之间无形之中就会形成隔阂，这种"代沟"并非仅是没有共同语言造成的。

正如马克·吐温谈到《圣经》时说的："不是我不理解它的含义，而是不知道究竟该怎么做。"两代人之间的问题更多的是由我们管教不得法造成的。并非共同语言问题。由于相互尊重的关系遭到破坏，两代人之间冲突就不可避免，从而给双方都带来极大的痛苦。

霍莱韦先生有一个女儿，名叫贝基，十多岁了。他曾向教育专家述说了他女儿的情况。他说："我和妻子在女儿幼儿期和童年期忽视了对女儿的服从和尊重父母的管教，贝基那时把整个家庭搅得一团糟。妻子却相信女儿长大以后会变好的。事实恰恰相反，她变得愈来愈坏，脾气暴躁，自私贪婪，自以为是。

做了错事，我们也不敢责怪她，一笑了之，或是假装没看见。贝基进入青春期后，我们一点也控制不住这匹野马了。她更加令人讨厌，蔑视家庭和父母，动辄向我们发脾气，似乎家中的一切都不如意。我们害怕女儿的歇斯底里发作，不敢管她。"

霍莱韦夫妇成了女儿敲诈感情的牺牲品。更为可笑的是，他们以为金钱可以买到女儿的尊重和责任心。例如，他们给女儿房间里安装私人电话，但贝基对父母的好心毫无回报和感激，反而毫无顾忌地向父母索取第一个月86美元的电话费。

霍莱韦夫妇以为为女儿举行一个晚会，可以博取女儿的欢心，使家庭关系亲密。霍莱韦夫人费尽心机，把家里装饰一新，准备了糕点、饮料和糖果，款待贝基的朋友。但万万没想到，晚会那天，女儿邀来一群肮脏的粗暴无礼的害群之马。他们在屋里为所欲为、敲敲打打，弄坏了家具。

母亲说了几句不顺女儿心意的话，贝基大动肝火，竟用刀子把母亲刺伤。父亲回家后，发现妻子躺在浴室的血泊中，贝基却与朋友离去了。霍莱韦先生找到她时，她正和那群不三不四的朋友在后院一个劲地跳舞。

霍莱韦和妻子夜晚常做噩梦，为女儿的行为担忧。霍莱韦夫人仍在医院养伤，她现在开始反省自己对女儿的管教了。在我看来，贝基已经病入膏肓，非常可悲，任何简单的办法都难以驱除她身上的病根，难以治愈一家三口心灵上的创伤。他们付出的代价是惨重的，其中最主要的原因是忽视了教女儿尊重父母。

尊重是相互的，不是单方面的。父母不以身作则先尊重孩子，孩子也不会尊重父母的。自尊是人类最脆弱的特性，很容易被一些细微的事情伤害，一旦遭到破坏就难于愈合、父母采用讽刺、打骂的方式管教孩子，孩子是不会从心底里尊敬父母的，反而很可能会因为害怕，将反抗的心理埋藏在心底，在青春期爆发出来，一发不可收拾。

孩子理解老一辈的一句格言：趟过小河前，不要去招惹鳄鱼。因此，父亲不懂得尊重孩子，总是以一副凶恶面孔出现在孩子面前，只能暂时吓唬他，一旦孩子到达自己的"安全期"，长大成人了，就会以同样方式回报父亲。

想让孩子听话，你得先听孩子讲话

批评孩子为什么不管用

现在的孩子敢于置疑、善于创新，他们兴趣广泛、涉猎深远，敢于对不恰当的批评说"不"。当孩子经常不接受你的批评时，作为家长是否应该好好反思一下批评孩子为什么不管用？

先让我们看看家长批评孩子时常有的几种表现和特点吧。想想您有没有过这样的行为。

（1）情绪激动

孩子犯错了，家长第一反应就是情绪激动，眼睛瞪人，分贝提高，语速加快，好像孩子多么不可原谅。但孩子并没有听进去家长说什么，而是忍受，忍受家长的责骂，骂过之后还会犯错，因为他只记得被骂，而不记得骂了什么。

批评的目的，是为了让孩子更好的认识自己的问题，理解和接受正确的建议并在行动中改正过来。对错误的分析和评价并伴随着生气、牢骚也是在所难免的，但也要把握个"度"，不要把批评变成发泄。试想这种情绪如何博得孩子的尊重，又如何让孩子信服，听从自己，改正错误。

（2）旁征博引

有时家长批评孩子喜欢旁征博引，把曾经发生过的大错小错都要悉数一遍，上纲上线。比如就丢钥匙的事情，就能列出丢钱、丢书、丢分等等一大堆事情。如果还不能证明孩子错误的严重性，就把邻居小明、小红所犯过的错误也借用来，提醒孩子，告诉他事情的严重性，生怕孩子记不住。

批评要有针对性，对当前的问题有什么说什么，就事论事，而不要新账老账算个没完。这种旧事重提的做法，只会让孩子对批评产生厌烦，这种批评还有什么意义。

（3）无效批评

很多时候，孩子犯了错，家长往往是该批评的时候不批评，不该批评的时候乱批评。很多家长都遇到孩子赖床的现象，往往是一边催促，一边数落，而孩子却把这当作是背景"音乐"，照睡不误。根本没起到批评的作用。因为孩子很清楚一点：家长一定会有办法让他按时到校，所以他就赖着不起。如果让他迟到一回，挨一回老师批评，下次他自然就会早起不迟到。只有让他受到惩罚他才会明白父母的苦心。而不是一味地说说而已。

（4）提前批评

有时候孩子还没意识到错误将至或已经犯错，还不能了解到即将来临的错误可能会带来什么样的后果，家长就急不可待地开始数落一番。"人非圣贤，孰能无过"，而且"不知者无过"。头一次经历某些事情难免犯错，父母为什么不能以博大的胸怀去包容孩子，给孩子去体验错误的机会，让他们自己成长。而不是用我们的经验去束缚他，教育他。只有他自己认识到错了，批评才有意义。

如何让孩子听话

孩子犯了错误，家长批评孩子时，为什么有些孩子就是不肯认错？其实问题出在大人身上，在批评孩子时如果能注意下面这些问题，孩子通常就容易接受你的批评了。

（1）批评要看场合

批评孩子不要当着别人的面，尤其要避开客人和他的朋友。在客人和朋友面前批评孩子，会大大的损伤孩子的自尊心，而且往往引起孩子的抵触情绪，让孩子觉得以后没脸面对这些人。可以把孩子单独叫到自己面前，心平气和但是郑重的指出他需要改进的地方。

（2）批评的时机

俗话说：事不过三。第一次错了，父母可以理解，第二次错了，父母可以原谅，第三次就不能再容忍了。在这个时候批评是最合理的。错误频频出现更多的是由于态度不对而产生的。所以这时批评他要针对他的态度问题，而不是事情本身，更不是对孩子进行人身攻击。所以要给孩子改正的机会，父母不要在孩子首犯时就大发雷霆。

（3）先让孩子说话

先耐心地听孩子把事情的经过说一遍，即使是你看到他犯错误了，也要让他再说一遍。在他说话的过程中，不要打断他，用心记住他讲话过程中你所想反驳他的要点。

（4）具体地指出孩子哪做错了

等他说完了，你把他犯的错误说给他听，最好用：第1点、第2点……的方式说，点数不要多，让孩子一下就能听明白自己犯了几点错误。而且在你讲的过程中，也不允许他插嘴，一来这是一种礼貌，二来也防止思路乱了。

（5）听取孩子意见

说完后，再听听孩子有什么意见。如果他是在强词夺理，告诉他：并不是说不犯错误的孩子才是好孩子，好孩子是能勇敢地承认错误、有勇气改正错误的孩子。

（6）鼓励为主，惩罚为辅

在孩子改正错误的过程中，以鼓励和提醒为主、惩罚为辅。如果孩子有进步，要大大地表扬他，让孩子看到希望。如果孩子一段时间里，坚持地比较好，也可以考虑用他喜欢的物质奖励他一下。如果他再犯，让他自己去一个角落再想想上次你们之间的谈话，并按约定给予一定的惩罚，而且不要心软，要让孩子知道：必须说话算数。

（7）沉默是金

也是最关键的，当孩子犯错误时，不要急着去批评他，而是先想想你怎样说才能让他心服口服，有把握能说服他了，再去跟他谈。如果没有把握，先不要跟他谈话，用沉默让孩子体会你的感受。

孩子的成长，从某种意义上说，就是不断改正错误的过程。做父母的应该努力以平心静气的态度随时面对孩子可能犯的大大小小的过失。批评是一门艺术，要想达到理想的教育效果，就要在尊重孩子的基础上，抓住恰当的教育时机并注重选择适当的方式进行，做到以情感人，以理服人，起到批评应有的效果。

孩子为什么不听话

现在生活中，越来越多的父母抱怨："孩子越来越不听话了。"那么，做父母的有没有想过孩子为什么会不听话呢？父母是否要承担一定的责任？每个人都有自己的思想，大人如此，小孩也一样。当父母对孩子发出指令时，如果孩子认为大人的指令不正确，或不明确时，便有可能不执行。

所以，当父母毫不考虑孩子的要求就随便甚至是粗暴地命令他做他不喜欢的事情时，孩子就会反对，就会不听话，或者说，虽然听了，但是不服气。总体给人的感觉，就是孩子又不听话了。

每个孩子其实都是非常聪明的，你看他们在几个月大的时候，就已经很会观察父母的态度了，父母的嬉笑怒骂他们都能觉察到。有的孩子到了六七个月大的时候，就能从父母行动的粗重，言语的轻缓上分辨出父母心情的好坏，知道如何讨爸爸妈妈的欢心，如何不再去惹他们发更大的火了。

随着孩子的长大，明白的道理多了，大人的话该不该听？自己的主意如何拿？他们心里怎么能不明白呢？

我们家长通常只关心自己说了什么，很少关心孩子听了什么，也很少关注孩子说了什么。这样，怎么能期望孩子很好地接受大人的想法，按照父母的思路去做。父母只有真正明白孩子不听话的原因，才能让孩子听话。

让孩子勇敢发言，那就给予他鼓励

在学校时，笔者经常发现这样的现象，每当老师进行提问时，敢于举手回答的同学也就零星几个。而且这不是个别现象，而是普遍现象。经过调查发现，产生这种情况的原因，跟学生们孩童时期，缺乏家长的鼓励有关。

当一个孩子刚刚开始懂事的时候，他幼小的心灵总是对生活充满着最美好的追求与向往，长一辈的人要尽量地把世间最美的东西提供给他。

这最美的东西，不是一味地娇生惯养，不是可口的佳肴，不是华丽的服饰；不是说教，更不是打骂，而是在漫长的生活中对他加以适当的诱导和启发，对他的合理要求给予热情的鼓励和支持，让他感到生活的道路是多么宽广、绚烂，使他有那么一种动力不断地去追求、去向上。

支持是一种从暗中支撑的行为。身为孩子的父母，在他们的生命中，你就是在扮演一个支持者的角色。你鼓舞他，为他喝彩，而当生命并非如他所愿时，你也要在一旁安慰他。你是他身体下方看不见的隐网，可以容许他飞到高处，在跌落下来时也能接住他。有这样一个故事：

苏安的儿子菲力普想参加学校的足球队，但他太紧张了，根本就不敢去报名试踢。苏安每天看到菲力普在后院踢足球，就觉得心酸。她知道那种感觉——渴望某个东西，却不敢去接近。她很希望孩子能够有自信心，于是她做了一个计划。

苏安跟菲力普谈话，想找出原因。他说他很紧张，怕踢不到球，或试踢时表现不佳会让其他的孩子取笑他。这让苏安想到了一个点子。第二天，苏安到学校接菲力普时，她带菲力普到离家大约十五分钟路程的运动场去。菲力普问她要去哪里，她笑笑说："你马上就知道了！"

苏安带他到一家正在练习足球的学校操场，菲力普一个人也不认识。他们在旁边看了一会儿，看到许多孩子错过球门，成绩平平。其中一个孩子竟然被自己的脚绊倒，跌倒在草地上。就在这个孩子跌倒时，其他的孩子都笑了，菲力普也笑了。

苏安这时告诉孩子，在学校并没有人会真正地嘲笑某个人，球踢不好根本就不是问题，而且在场没有一个人的踢球成绩比菲力普还要好。菲力普相信了，第二天就去报名试踢。他表现良好，甚至被选入球队。在母亲创意的鼓励支持之下，菲力普克服了恐惧，对自己的运动能力也很有信心了。

支持意味着肯定孩子去尝试新事物，或是不要放弃自己正在做的事，就像菲力普的例子。许多孩子都害怕尝试新事物。如果你知道虽然他们以前没做过，但这对他们将来有好处，这时不妨从两个方向来支持他们：

（1）降低危险

降低危险的意思是找出他们退缩的理由，尽量让这样的威胁看起来不那么可怕。把危险暴露在光明之中，看起来就没那么可怕。你也可以提出解决办法，以解除危机。他们是否害怕被拒绝？他们怕自己看起来不够酷？还是他们怕失败会伤到自己，或改变他们并不想改变的事？所有这些隐藏着的理由才是孩子退缩或拒绝尝试新事物的真正原因。

（2）夸大成果

夸大成果意味着让他们知道自己所冒的风险会得到什么样的成果。或许那表示他们可以跟朋友一起做一些大家都做过的事，或是他们可以从事自己很久以前就想玩的一种运动或乐器，或是去一个很酷的地方。而父母在这个时候要指出成果是什么，强调如果他去做，会得到什么回馈。

孩子想要放弃自己正在做的事，譬如参加球队或是保持好成绩等等，这时候一点点支持鼓励是非常必要的。孩子之所以会失去兴趣，不是因为碰到瓶颈，就是因为觉得无聊。你帮助他们找出瓶颈，你们就可以一起看出那个难关是否可以克服。

你可以跟孩子一起走出僵局，想办法突破困境。如果你赞美、鼓舞、支持孩子，他们就更愿意继续做这件事或这个活动。注意孩子的进展状况，给他们的热情与更多正面的鼓励，不要蔑视他们的动机。

激发孩子的说话兴趣，要从娃娃抓起

人们常常把培养孩子比作培育一棵树，父母就是辛勤的园丁。从一棵幼苗成长为参天大树，需要父母浇灌无数心血和汗水。孩子刚出生的时候，除了哭闹和偶尔发出的咕哝声，什么也不会说。他睁开眼睛，首先映入眼帘的是父母慈爱的笑容，听到的第一个声音是父母温柔的呼唤。

孩子从父母那里获得经验和安全感，在心理上也最容易与父母沟通。因此，父母是孩子最早的，也是最愿意模仿的对象，父母的一言一行、一举一动都会被孩子注意到并在头脑中留下痕迹，从行动中有所体现。

在他们的成长过程中，通过父母的启蒙教育，他们不断学习，掌握单词和句子，经年累月，才会成为一个有口才的人，并没有谁是生下来就会侃侃而谈、口齿生辉。因此，有人说，孩子就像一面镜子，是整个家庭精神的反映；父母则是口才大师的光荣启蒙者。

　　佳佳一岁半了。一天，爷爷带她下楼，出门时爷爷说："佳佳，爷爷抱你下楼。"她回答说："爷爷累了，佳佳自己走，下楼玩。"一连三个短句，吐字清楚，条理清晰，你能相信是一岁半孩子讲的话吗？

　　前几天，奶奶抱着她问爸爸、爷爷在干什么？她回答说："爸爸在炒菜，爷爷切辣椒，奶奶抱佳佳，妈妈上班了。"奶奶再问："叔叔呢？""叔叔也上班了。"一连串的短句，不仅回答内容完整，一个"也"字的运用，充分显示了孩子语言的成熟和表达的精确。

　　一岁半的孩子能有这样的口才，全靠佳佳的妈妈实施的"语言胎教启蒙"。佳佳的妈妈于蓝是一名幼儿教师，她决定在怀孕期间就开始对孩子进行有计划、分阶段的胎教启蒙，并着重在语言上下功夫。

　　据胎教资料上讲，胎儿到5、6个月语言中枢已基本形成。因此，于为从怀孕4个月起就有意识地对胎儿进行语言刺激。

　　5个多月后感觉到胎动了，除每天坚持语言训练外，于蓝还着重于对胎儿观察力、记忆力的培养，通过户外散步、上下班路上和睡前对胎儿讲述所见事物的名称、外形等等，往往同一个地点、同一件事物会专程去上三四次，每次至少要讲述三遍。晚上，还要念儿歌、讲故事给胎儿听。

　　怀孕到第7个月，胎儿的脑、四肢等器官均已形成，于蓝开始与孩子做游戏，对胎儿进行语言和动作的协调训练。例如：

　　于蓝有每天临睡前喝牛奶的习惯，她就每天都轻轻地拍着腹部说："宝贝，喝牛奶了，你听见妈妈的话就动一动。"起初几天都没有任何反应，没想到到了第4天，孩子果真用脚向放手的部位踢过来了。于蓝高兴极了。

　　而后，只要于蓝拍着肚子和她说话，她都会反应。怀孕到8个月，于蓝侧重于训练胎儿的思维想象能力，常念一些朗朗上口像散文诗那样的儿歌给她听，如《牵牛花》："牵牛花，藤儿长，爬上篱笆爬上房。爬上房，吹喇叭，吹出一轮红太阳。"

　　这样的儿歌对于胎儿来说难度较大，于蓝一有时间就给她念，每次念一首，一首念三天。母亲的悉心培育，成就了小佳佳出众的口才。

现在看来，佳佳的语言启蒙教育是成功的。妈妈于蓝根据科学方式亲身体验的经历可以帮助父母对胎教有一个正确的认识：对孩子进行科学启蒙有利于孩子语言智力的开发，能够为孩子有个好口才打下坚实的基础。

语言是思维的外衣，一个人的智力发展如何，要以他思维能力的强弱来决定，而思维能力的强弱最终要通过语言表达出来。因此，从婴幼儿甚至怀孕期就可以开始语言能力的启蒙。

由于后天所受的教育不同，才使人们有了口才优劣之分。当孩子长大成人后，有的人能言善辩口若悬河，有的却口齿拙笨表达不清。显然，表达能力欠缺的孩子只是由于没有受到良好的、科学的教育，他身上所具备的潜能未能获得有效的培养。

也就是说，任何一个孩子，哪怕他被人认为是愚笨的，他的身上都蕴藏着不可估量的、让人惊讶的巨大潜力。每个孩子都是未来的口才大师，关键的问题在于父母如何去开发和教育，发掘出这种潜力。从孩子出生的第三天开始培养语言能力，口才教育就晚了三天。父母要尽早地进入"启蒙者"的角色，才能早些开通孩子的口才大师之路。

发掘孩子的语言天赋和潜力

人的潜能仿佛是一座蕴含无数珍奇的宝藏。一位心理学家认为："人的潜能所能包容的智力能量，犹如原子核的物理能量一样巨大。"孩子是父母的珍宝，也是一个无与伦比的创造性的"实验品"，当然，这项"实验"是建立在伟大的父母之爱上的。

每个孩子身上都蕴藏着不可估量的语言潜能，我们应当尊重每一个幼小的生命，爱惜其生命中闪现的每一朵火花。如今的父母比任何一代都更关注孩子，都对孩子充满了期待和希望，竭尽全力去培育孩子，如果忽视了发掘孩子的口才潜能，是父母教育的失职和悲剧。

中央电视台著名主持人撒贝宁以睿智机敏的口才赢得了无数观众的认可和钦佩，他今天所拥有的口才与父母的及时培养密不可分。

1976年，撒贝宁出生在一个军人家庭，父母双双在部队从事艺术工作。撒贝宁从小喜欢唱歌和跳舞，而作为学表演出身的父母由于平时工作忙，并没有对撒贝宁做什么特别的引导和要求，更没有像现在许多家长那样逼着孩子学这学那。他们对撒贝宁几乎是任其"发展"。

4 岁那一年，撒贝宁和其他几个小朋友代表幼儿园为海军某部队表演节目。从这次表演之后，撒贝宁的父母发现他的表现欲望十分强烈，认为他在表演方面很有创造性。

撒冷贵夫妇开始留意儿子的一举一动，有空儿就主动与撒贝宁交流，有意识地给他灌输表演、音乐等方面的专业知识。有时候，撒冷贵把撒贝宁带到自己工作的排练场地玩儿，让他受到真实的表演活动的熏陶。

1987 年 7 月的一天，撒贝宁的父母下班回来，刚进家门便被眼前的一切惊呆了：只见家里的客厅布置得像个晚会现场，还有用纸片剪成的小草、篮球等一些道具。

撒贝宁和妹妹撒贝娜每人手拿一个麦克风对他们说："爸爸、妈妈，你们好！你们辛苦了。"接着撒贝宁请他们坐到已安排好的位置上，紧接着，他像电视里的主持人一样向观众——爸爸妈妈报幕。兄妹俩一会儿唱歌、一会儿演小品、一会儿说相声、一会儿朗诵，整个"晚会"持续了近40分钟，

撒贝宁的父母高兴得不知说什么好，把兄妹俩紧紧地抱在怀里。父母后来才知道整个"晚会"的策划、创作、道具制作、节目安排等全都是撒贝宁用一个多星期的时间准备的。

当时，撒贝宁还只是一个小学五年级的学生，而他的口才天赋和策划天赋就已经崭露。同年，撒贝宁获得了全市五年级口头作文竞赛第一名的优异成绩。

为了提高演讲水平和舞台形象，撒贝宁常常一个人在家

里对着镜子一遍遍地练习，并把自己的演讲录下来，反复听、反复练，有时他让爸爸做示范。

在示范过程中，撒冷贵有时会加入表演的动作，他就与爸爸理论："演讲与表演不同，演讲主要靠讲，表情应是与主题相关的最大投入，而不是有意识的做作。"他坚持自己的观点，并且用实际行动来验证。

功夫不负有心人。从初二到高一短短的两年多时间里，他参加十余次市、区级演讲比赛，都取得了第一名的好成绩。撒贝宁的父母没有像许多家长那样，强迫他学习各种才艺，而是通过细心的观察，发现他从小就具有一副好口才的潜力，然后进行有意识的专业引导和教育。

在撒贝宁的成功中，父母的参与程度并不高，但是如果没有他们的及时发现和专业培养，想必撒贝宁会花费更多的时间、走一些弯路才能取得今天的成就。

或许家长会问，我的孩子不像撒贝宁那样，从小表现出如此高的口才天赋。其实，只要是人，都具有语言的天赋，只是有高低之分。但天赋只是给予了人一种可能性，要把这种可能性转化成为现实，必须经过后天语言环境的熏陶和实践的培养。

所以，在孩子小的时候，父母要用心地观察孩子是不是喜欢说话，是否说得流利，是否发音准确。当孩子的语言天赋表现得十分明显时，马上动手为孩子"量身定做"一个语言发展计划，立即开始执行；如果孩子在语言的发展上稍显滞后，就先培养他说话的积极性，激发孩子说话的兴趣吧。

认真听孩子讲述自己的故事

讲故事，是启发幼儿思维，进行语言训练的好方法，对于口才的培养更是大有益处。不过，这次我们来点花样，让孩子成为主角，讲讲自己的故事。

上小学以来，女儿的书包里除了一沓沓的贴画剪纸外，慢慢地多了几本薄薄的书，那是文森太太借给她看的儿童读物。

从那时开始的很多年里，我们几乎每天要做的事，就是在饭桌上长时间的交谈，到了我们该收拾饭桌的时候，她就从书包里抽出那些图书读了起来。为了刺激她的学习欲望，增强她的自信，一开始，我装作对她的读书能力表示怀疑，或者根本就不信她能读得懂。我总是问她："你能看懂吗？"

"当然！"

"你是只能看懂一个一个的单词呢，还是真的看明白了整个故事？"

"当然是看懂了整个故事呀。"

"真的吗？"

"真的！"

我打开书，指着其中一篇。

"你能把这个故事说给我听吗？"我问她。

"可以。"接着，她就绘声绘色地讲起了书里的故事。

听完她讲的故事，我带着非常夸张的表情，瞪大眼睛，看看书，看看她，再看看书，说："真不敢相信！你真能看懂？真看懂了！太了不起了！你怎么能看懂呢？谁教你的呢？"

"我自己看懂的，要不要我接着读下一篇，读完了再讲给你听？"

这正是我想听到的。

她看起来颇为得意，只需稍稍花些工夫，就把爸爸给震了。

此后，我给她买了一本厚达750页的《麦克米兰儿童词典》，又给她买了麦克米兰公司出版的《365夜睡前故事》。这本书收集了365个世界著名的故事。

借助词典，她天天都认真阅读，把这本两百页的书看完了。在那之后的一两年里，是她给我补课，为我讲述许多我从未听过的故事。而当她正正经经地告诉我，这些故事那么有名，"爸爸你是'应该'知道的呀"时，颇让我汗颜。

她在我所构筑的这种"学术"气氛下，终于认认真真"诲人不倦"地把那300多个故事讲完了。这时，她已经几乎成为一个故事大王了，在别人嘴里普普通通的话，她说出来就绘声绘色，文森太太总是跟我说，你女儿的口才实在太棒了！

虽然我只是微笑，但是，我同意她的话。

这位聪明的父亲没有像许多忙碌的中国家长那样，在承受工作生活的压力之外，还要去找一个又一个故事，自己先读，然后，把孩子拉到身边，不管他是否喜欢，也不管他是不是打瞌睡，辛辛苦苦讲给孩子听。

实际上，那样做，不仅家长劳累，效果也不一定好。相反，这位父亲还比较轻松地从女儿那儿"学"到很多，听了许多世界著名的故事。在孩子讲故事的时候，父亲做的事很简单，就是瞪大眼睛、微笑、大笑。当然，父亲也是真正地享受了女儿的故事。听完了故事，家长该做的事就是，提问—再提问—赞扬。

多轻松的事儿，家长们为什么要勉为其难，给自己添麻烦呢？每天辛苦工作，下班回来，理当放松放松，抓紧享受人生，为什么还要自找麻烦，再为教育孩子加一次班？听听孩子清脆的童声讲述出来的美好的故事，让自己放松，重要的是锻炼了孩子的口才，帮孩子成为思维敏捷、口齿伶俐的小小故事大王。

听孩子讲故事的时候，父母使用一些小技巧，如采取接续、复述、编排、改错等办法，激发孩子的兴趣，启发思维。

孩子年龄小的时候，语言表达能力不强，直接讲故事还是有困难的。因此，父母先给孩子讲一小段，同时有意识地给孩子留下想象的余地，在故事的紧要处"打住"，让孩子顺着情节发展，构思出顺理成章的结果来。

提供素材，考验孩子编故事。六七岁的孩子知识面虽然有限，但是想象力非常丰富，他们会幻想和海豚一起在水下生活游戏、套上游泳圈在天空驰骋。而且孩子的思维已经显示出一定的逻辑性，可以完全凭想象编排出完整的故事来。

找一些故事素材，给孩子一点提示，"编造"出或者生动或者感人甚至有点匪夷所思的故事，让孩子的思想天马行空，让孩子的口才自由发展。

制造"错误"，激发孩子改写故事。孩子自我意识增强，对学过的知识、听过的故事记忆深刻，时常喜欢用自己学到的东西"指导""评说"大人的所作所为。父母不妨利用这一点，给孩子讲点错误故事，激发孩子来纠正，从而调动孩子讲故事的积极性。

女儿缠着母亲要听故事，妈妈耐心地抱着她，娓娓道来。

"森林里有只可爱的大熊猫，在树上飞来飞去……"

"妈妈，错了，熊猫不会飞！"

"为什么呢？"

"它没长翅膀呀！"

"真聪明，说说看，什么会飞呀？"

"蜻蜓、燕子、喜鹊、大老鹰……"

"给妈妈讲个飞行比赛的故事怎么样？"

"好吧。嗯……让我想想。"

几分钟后，聪明的小女孩儿开始讲故事。

妈妈的"错误"像把金钥匙，打开了女儿的话匣子。父母故意地讲错故事，可以错在开头，引导孩子反驳，巩固所学知识；错在中间，激发孩子纠正，锻炼思辨；错在结尾，启发孩子想象，让孩子创作出理想的结果来。

节假日或朋友团聚，也是孩子们聚会的好时机。几个孩子围坐在一起，即兴编一段小故事。故事的主人公就是在座的小朋友，情节可以选择聚会上发生的事情。当孩子之间熟悉之后，还可以把故事表演出来。大人们不需要指导孩子该如何说，让他们尽兴地说出自己的思想，不失时机地予以赞美就足够了。

除了父母，其他家庭成员也可以成为孩子的听众。利用孩子的自豪感、自信心，让孩子在大人面前充分展示自己的口才和勇气。

孩子讲故事，不要苛求白璧无瑕，而应力求顺理成章；平时，父母从语气、手势、声调等方面做些指导，效果会更好些。周末的时候，还可以邀请邻里小朋友搞故事比赛，买些故事书作奖品，更能激发孩子讲故事的兴趣。

孩子给大人讲故事，精神高度集中，经历了阅读、思考、理解、语言组织和表达等一系列复杂过程，是一种绝佳的口才训练。家长在听故事的整个过程中，只需老老实实地充当一个认真、忠实的听众，好好地享受孩子的故事给您带来的愉悦和知识。提问，表扬，赞美，这就是您该做的。

善于在谈话中倾听孩子的内心

有这样一则时事报道：马来西亚一11岁男童多尼，不堪学校老师责问"是不是把铅笔给吞了？"以及难以忍受被同学讥笑他的便当如同狗呕吐出来的渣滓，向母亲哭诉。之后，虽然母亲安慰他，并劝他别理会别人怎么说，但心灵受伤的多尼最终还是选择上吊自杀结束自己的生命。

我们往往会认为孩子不懂得什么叫"感觉"，更不晓得如何"表达"自己的内心世界。其实，每一个孩子对发生在自己身上的事情，都清楚自己的"感觉"，并会以行动来表现内心感受。

心理学认为：人的思维是和语言密切联系的，思维是借助语言而实现的，语言是思维的直接表现，是人们交流思想的工具。人们通过语言把存在于自己头脑中的经验、思想比较准确地传达给别人，也可以通过语言接受对方的经验和思想，从而达到交流思想、相互了解的目的。

就如多尼，对于他人的讥笑，非常伤心，回家向母亲哭诉。多尼的事件，也提醒父母及师长们，倾听孩子的心声，经常和孩子聊天谈心是非常重要的。聊天谈心能让孩子在一种轻松的状态下学习父母的经验，体会到和父母交流的乐趣。

正如美国小说家罗伯特·路易斯·斯蒂文森所说："交谈是最容易获得快乐的办法。它不花费任何金钱，却受益匪浅。在谈话的过程中，我们提升我们的教育，建立并加强了相互之间的友谊。无论在何种年龄阶段，也不管你的身体状况如何，都能享受到这种交谈的乐趣。"

不论孩子现在几岁，和你的关系亲密与否，以及你们是否有谈心的习惯，请从现在开始学习与孩子谈心吧。

和孩子谈心不一定是谈学习或烦恼。谈心可以是：无所不谈，没有话题的限制；谈彼此的心情，包括日常生活中的感受、感想和想法等，特别是孩子对自己、他人以及对一般事件的感受和想法；可以是愉快兴奋的话题，也可以是愁苦哀伤的事件；可以是理想与将来的憧憬，也可以是童年往事的追忆。

如何和孩子聊天谈心呢？俗话说：一娘养九子，九子九个样。

对不同性格的孩子，应有不同的方法。总体上来讲，我们可以从以下几个方面去进行。

（1）融洽关系，制造谈话的气氛

父母与子女之间的良好的亲情关系，是进行思想交流的良好基础。有些父母平时和孩子思想交流很少，发生了问题之后就严厉训斥孩子，久而久之，感情距离渐渐拉大，或者在孩子不顺自己的心意时，大发脾气，使孩子产生了逆反心理，感情关系陷于困境。

在这种情况下进行交谈是没有什么效果的。为此，与孩子交谈，首先要制造一种和谐的气氛，说句笑话，讲点令人高兴的事情，拉近了感情距离，效果就会好得多。

（2）利用典型，善抓谈话的机会

孩子自身和周围环境里随时都可能发生一些事情，如果抓住典型事件，及时交流思想，其效果要比平时好。一位初一的女学生，在校外受到同校男生的非礼，这位女学生回家向她父母谈起这件事，她的父母不是轻描淡写地说不要理那些非礼的男生，而是启发她应如何对付这类事情，使她增强了是非能力，悟出了保护自己的方法。之后，她向老师反映了这件事情，使问题得到了及时的处理。

一般来说，家长会之后是孩子们最急于和父母谈话的时候，抓住这个机会，可以了解孩子的很多情况。一位高一年级的男学生，平时对自己的学习不够重视，期中考试成绩"甩尾"。

家长会后，他怀着忐忑不安的心情，急切地想知道家长会的情况。这位学生的母亲没有大声训斥孩子，她抓住这个敏感的时机，对孩子亲切地说："家长会上我感到很难为情，也证明我平时对你关心太少了。只希望你找出失败的原因，期末考试为我争一口气。"

孩子是尊敬妈妈的，他向母亲坦诚地汇报了自己懒惰、贪玩的行为，表示今后一定要赶上去。后来，他确实有了很大的进步。抓住孩子关心某一个问题的时机谈心，孩子容易听进去。

（3）注意谈心的形式与习惯

谈心的方式最好是一对一，例如：妈妈与儿子，或爸爸与女儿，或妈妈与女儿，或爸爸与儿子。虽然一家人一起谈心也不错，但是可能爸爸妈妈较难给孩子个别的注意与关心。谈心也应该是双方面交流的，父母听了孩子的感想，也要多谈自己的感受，这将促进亲子关系。

除此以外，一些父母与孩子之间可能已经发展出一套不愉快的对话模式，时不时在谈话里会碰撞孩子的痛点，导致双方引用语言暴力互相攻击对方。结果，对话就此中断。因此，改变你对孩子的态度，将改变你的说话习惯，以前的说话带论断的方式也会逐渐消失，取而代之的新习惯是充满了正面的话语。

（4）避开沟通上的障碍

谈心是彼此交换心情与感觉。心情感觉是敏感、脆弱的，一旦受伤害就易退缩。而且，感觉本身不应有是非对错，如：愤怒是错的，快乐是对的。

凡是孩子真实的内心感觉，父母要学习静静地听，尝试去接受、了解他们的感受，不是冷冷淡淡的表现，或加以批评、论断、命令、分析、急着给予解决方案等…

因此，父母应避免引用一些显示出你对孩子不信任的开头词，如：你一定要、为什么你不、你有没有试过、和你同年纪的孩子都不像你这样、我在你这年纪、你应该、你必须、我早就知道了、别烦我……

在分享心情与感觉的过程中，孩子期待父母的信任。他需要的是父母与他讨论他的想法感受，而不是要你的建议。

（5）了解孩子的非语言信息

父母如果要成为一个有效的倾听者，必须对孩子沟通时的非语言行为所代表的意义有所了解。通常孩子会表现出不同的行为来表达不同的感受。如：

脸部表情

哭泣：孩子可能身体或心理受伤、害羞、失望、挫折、不高兴等。

微笑：高兴、愉快、紧张焦虑的掩饰。

抛东西：生气、失望、受挫折情绪的发泄表现。

僵直不动：恐惧、怀疑。

摇头：否认、不同意。

点头：同意、承认、认同。

打哈欠：无聊、没兴趣、精神不佳。

眼色集中：表示专注、有兴趣。

眼神逃避接触：焦虑不安、缺乏兴趣、害羞。

音调与速度

说话结巴紧张、害怕、悲伤情绪的表现。

不说话可能意味正在思考，或忧闷、沮丧、不高兴。

说话速度很快可能意味开心、得意，或紧张的情绪。

重声强调某些字特别意义，或感受深刻、话题内容的重点。

语言的交流是增进彼此了解和亲密关系的唯一工具，多与孩子聊天，你会知道他内心在想什么？有什么感觉？在适当的时候给予他指导、纠正他。

如此一来，当孩子有心事、困难、疑惑时，就会主动与你分享，并愿意让你来协助他。

第二章

用沟通消除你与孩子之间的代沟

狭义上，代沟是指父母子女之间的心理差距或心理隔阂。代沟主要存在于一般成人与年轻人两代人之间。而父母与子女之间的代沟是可以避免的，而避免的方式便是合理有效的沟通。本章便通过几方面的内容，来教您如何有效地与子女进行沟通，以避免代沟的产生。

你真的明白如何跟孩子沟通吗

你是怎样"说"孩子的

说是父母和孩子的主要沟通形式，每天父母都要和孩子说话，表扬孩子的，批评孩子的，教导孩子的，鼓励孩子的……但您有没有仔细想过，他是不是明白你在说什么？你和孩子说的他都听了吗？你们的沟通有效吗？

法国古代有一位叫德·蒙吕克的元帅，他的儿子是一位正直的人，但严肃的元帅与儿子之间却缺乏沟通。直到儿子不幸死于马德拉岛后，德·蒙吕克元帅才痛心地说：

我有许多遗憾，其中最令我痛心的，是我觉得从未与儿子有过内心的交流。我摆出父亲的威严，使我永远失去体会和了解儿子心意的机会，向他表示自己对他深沉的爱和对他品德的钦佩之情。

这个可怜的孩子在我脸上看到的只是皱紧的眉头，充满轻蔑的表情，始终认为我既不知道爱他也不知道正确评估他的才能。

我心里对他怀着的这种异常的感情，还要留着让谁去发现呢？知道了又是欢喜又是感激的还不是他吗？而我压抑和限制自己却摆出这张假装尊严的脸。

我失去了跟他交谈、对他表示爱的乐趣，他也是非常冷淡，他从我这里得到的只是严峻的态度，感到我的态度犹如一个暴君。

父母们总是习惯把自己的"教训""命令""责骂""呵斥"等都归于沟通。实际上，这些沟通都是消极的，长期生活在这种消极沟通模式下的孩子往往会封锁自己的心灵，对父母产生敌意，破坏亲子之间的关系。遗憾的是，许多父母都没有意识到这个问题。

看看您有没有用以下的方式和孩子说过话：

（1）指责的口气

"为什么你总是整天让我操心，难道你不会自立一些吗？"

"看看你的屋子，脏得跟猪窝一样，难道你就不会收拾一下吗？"

"你看你那样，整天只知道玩，不知道学习，我怎么生了你这样的孩子呀？"

"如果你昨天晚上不看电视，怎么会起不了床呢？你总是贪玩，不知道学习！"

……

这些话听起来非常耳熟，而这正是许多父母指责、埋怨孩子时经常用到的。许多父母在责骂孩子的时候根本没有想到，这种责骂不仅伤害了孩子的自尊心，也损害了父母在孩子心中的形象。

也许是孩子在生活中做错了事，也许是学习中粗心大意做错了题，但正是因为不断的错误才让孩子成长。许多责骂孩子的家长就是不了解孩子犯错的原因，上来就是一顿责骂，导致孩子犯了错也不愿多和父母沟通。

其实，每一位父母在孩子的成长过程中都会犯盲目责骂孩子的错误，就算知道是自己太着急错怪了孩子也不愿认错，实际上孩子的心是善良的，他们并不记仇，只要父母认识到自己的问题，及时和孩子说声对不起，以后改正，孩子还是很愿意和家长交流的。

（2）百依百顺的口气

"只要你听话，妈妈什么都给你买。"

"不就一个铅笔盒嘛，爸爸明天就给你买来。"

"赶紧吃饭吧，吃完饭玩什么都行。"

……

在父母的眼里，自己的孩子永远是最好的，都是心肝宝贝，特别是现在的家庭，大都是独生子女，更是含在嘴里怕化了，捧在手里怕掉了，不自觉地就对孩子过分溺爱了。

殊不知，却造成了孩子任性、霸道、不懂礼貌、以自我为中心。长此以往，孩子的独立性就受到影响，成为长不大的孩子。

从前，有一位富翁老年得子，他对儿子非常宠爱，对儿子的要求总是百依百顺，不管儿子要什么东西，他都尽量满足。

儿子在吃饭的时候喜欢骑在父亲的背上，于是，父亲就每天在吃饭的时候趴在地上供儿子骑，母亲则在一边给儿子喂饭。

终于，儿子长大了。他喜欢上了隔壁的一位女孩，要求女孩嫁给他。这位女孩的家境比较贫穷，但是，她非常勤快。在她眼里，富翁的儿子根本就是一个任性无礼的人，自己是不可能跟他在一起生活的。

于是，她讥笑着对富翁的儿子说："像你这样每天吃饭要骑在父亲背上的人怎么可能独立生活呢？我是不愿意嫁给你的。"

为了表示自己的心迹，富翁儿子竟然说："那我以后不再骑在父亲的背上了，如果你不相信，我就把父亲杀了。"

女孩以为他说说而已，笑了笑就走开了。

结果，当天晚上，富翁的儿子对父亲说："我喜欢上了一个女孩，但是，你每天让我骑在背上吃饭，所以人家不喜欢我。因此，我要杀了你。"

父亲一听，老泪纵横，但是，谁叫自己这么迁就、纵容儿子呢，于是，他把眼睛闭上了。儿子真的拿起菜刀砍向了父亲……

法国思想家卢梭说过："你知道怎样使得你的孩子备受折磨吗？这个方法就是父母对孩子百依百顺。"

如果孩子习惯于一味地被迁就，那么，父母在孩子的眼里，仅仅是供他们差遣的"仆人"，甚至是满足他们欲望的"钱包"。连接亲子关系的纽带只有物质和欲望，一旦父母的经济状态出现了危机，或者给孩子造成了妨碍，在孩子眼里，父母就一无是处了。

（3）面面俱到的口气

孩子："爸爸，下周我们学校组织去春游，你说我带些什么东西好呢？"

父亲："行了，爸爸知道了，明天就会给你准备好的。"

孩子："妈妈，我今天认识了一个新朋友，我们在一起玩得很开心！"

母亲："什么新朋友老朋友，你就知道玩，你看你，满脸泥土，还不赶快去洗洗！"

……

管家型父母只知道照顾好孩子的生活，包括孩子衣食住行，生怕孩子饿着、冻着，但是，他们却忽视了孩子的情感需求，他们不知道孩子有交往的需要、自我体验的需要，等等。

处于管家型亲子关系下的孩子，往往觉得父母是不了解自己的，尽管父母为孩子付出了许多。而且，这种父母往往喜欢整天唠叨。

"早点睡觉，明天早点起床，要不然会迟到的！"

"作业本都拿上，红领巾不要忘记了，盒饭带了吗？"

"今天天气不好，要多穿件衣服。要是感冒了，你会很难受的。"

"晚上早点回来，不要到同学家玩，要不然回来的时候没车，你就得走回来了！"

......

实际上，这些事情孩子只要经历过，自然会明白的。而父母出于"关心"孩子的角度，整天唠叨个不停，孩子就会产生逆反与抵触心理，亲子关系就这样破裂了。

正如快乐教育创始人、英国教育家斯宾塞所说："孩子有意见得不到及时交流，主要责任在于父母没有给予应有的重视或掌握不好沟通的火候，甚至有的父母认为对孩子唠叨一顿就是沟通，结果自然是适得其反。"

（4）过分管束的口气

孩子："妈妈，我想去小军家玩。"

母亲："昨天不是刚去玩过吗？今天不能去！"

孩子："昨天我们是自己组织玩的，今天老师布置了一个实验，我想与小军一起做。"

母亲："不行，你不能老是去人家家里，人家父母会嫌麻烦的。"

孩子："不会的，他父母不在家。"

母亲："难道你就不会自己做吗？小孩子要学会独立思考，不要老是麻烦人家！"

孩子：......

父母管束孩子是应该的，而且是必要的，但管束孩子也要讲究方式方法，如果管束的过分，就会变成唠叨，让孩子厌烦。过分管束的家长往往忽略了孩子的本性，一味的要求孩子这不能做，那不能做。结果让孩子觉得很累，一旦孩子缺乏了童年的乐趣，他就再也不愿和父母沟通了。

总的说来，父母或多或少的都会出现以上情形。但上面的方式并没有充分考虑到孩子的想法，孩子的切身感受。结果是孩子并不听家长的话，不接受父母的命令，没有达到有效沟通，还可能造成亲子沟通障碍。

那作为家长的您了解孩子都有哪些需要吗？有的家长会说："吃好、喝好、身体好、学习好就行了。"但这些都是父母自己的想法，您有没有蹲下身来好好和孩子谈谈，问问他们需要什么。

意大利教育学家玛利亚·蒙台梭利通过不断的研究发现：一个孩子生下来就有个"精神胚胎"，儿童的成长是顺应这个精神胚胎的"自然趋向"的。如果父母给孩子需要的养分，孩子将通过自我选择建立完好的心智。

明白孩子到底要什么

所以，父母首先要先了解孩子需要什么，再对症下药的给他们什么。

（1）情感需要

在情感方面，孩子有爱与被爱的需要，孩子需要在爱的沐浴下成长。教育孩子，这是第一位的，爱是基础。当这种需要得不到满足时，孩子就会表现出冷漠、逆反的情绪。

刚出生的孩子就有情感的需要，他喜欢父母的抚摸和拥抱，他喜欢看父母温柔的微笑和眼神，他喜欢父母对他说：

"宝宝，我爱你！""

宝宝，你是妈妈的心肝宝贝！"

这种情感需要是孩子生理和心理的一种需求。

许多父母认为，在这方面，自己做得相当好，实际上，父母们只关注了给孩子爱，而且这种爱往往是溺爱，而忽视了也应该向孩子索取爱。

于是，孩子们学会了"理直气壮"地接受父母们的爱，根本意识不到自己也需要付出爱，反映在孩子行动上，就是自私、狂妄自大、以自我为中心。

（2）独立需要

每个孩子都是一个独立的个体，他们不希望永远活在父母的保护当中，他们渴望能够独立地做一些事情，独立地决定自己的事情。

这种独立性在孩子三四岁的时候和青春期表现得尤为突出，这两个时期被称为孩子的"断乳期"，前者为生理断乳期，后者为心理断乳期。

年幼的孩子们总是喜欢什么东西都碰一下，尤其是一些新奇的东西；大点儿的孩子则喜欢独立自主地决定自己的事情。事实上，这正是孩子顺从"精神胚胎"的自然趋向，他们不自觉地被引导着去"配合自己的行动"，从而获得对各种事物的印象。

但是，许多父母不了解孩子的这种需要，他们喜欢禁止孩子的各种探索行为，经常过多地替孩子做事情，干涉孩子的事情和决定。

当孩子的自由被禁止时，孩子就会产生受挫感，产生沮丧的情绪，他自然而然会变得"不顺从"，出现对抗的行为，自然而然会变得"叛逆"。

其实，这些都表明他在向父母暗示：我不需要你们的过多保护，我不需要你们的过多干涉，我要自由！我要独立！只要父母把自由给了孩子，"不顺从"和"叛逆"就没有理由存在，它们就会消失得无影无踪。

（3）自尊需要

根据马斯洛的需要层次理论，自尊的需要是一种较高层次的需要。对于孩子来说，这种需要也存在。

孩子们都有较强的自尊心，他们希望父母尊重他们的想法，尊重他们的情感，尊重他们的隐私，等等。许多父母恰恰没有意识到孩子的自尊需要，总是认为孩子还小，什么都不懂，于是，父母们经常随意呵斥孩子、打骂孩子，有些甚至在公众场合打骂孩子，揭露孩子的缺点，等等，完全不顾孩子的自尊。

当孩子的自尊没有得到尊重时，他们或者产生逆反、对抗的心理，或者破罐子破摔，这些都增加了亲子沟通的障碍。

（4）平等需要

孩子虽小，但是，他们总希望父母能够把他们当成大人一样来看待和父母是平等的。而许多父母总是不理解孩子的这种心理。往往是对孩子要求这样，对自己要求那样。比如，有些父母要求孩子好好学习，自己却天天看电视、打麻将。这样孩子就会认为父母与自己是不平等的。

现在，有许多孩子会在背后这样议论父母："我的父母总是要求我做这做那，其实这些事情他们自己都做不到。""父母总是说话不算话，明明答应我星期天去郊游的，因为他们自己想睡懒觉就不去了。"

这些都表明，在大多数的孩子心里，父母们没有做到平等这一点，于是，他们也就不相信父母的话了，沟通的障碍也就形成了。

（5）成就需要

在马斯洛的需要层次理论中，成就需要是最高层次的需要。孩子同样有这种需要。

每个孩子都希望自己的行为、能力能够得到他人的认可，尤其是父母和老师的认可。这种认可和表扬，往往能够让孩子产生巨大的成就感，让他们获得极大的快乐。

因此，从主观上来说，孩子们总是希望自己在家里做个优秀的孩子，处处获得父母的夸奖；在学校，他们又希望自己是个学习好、行为好、品行好的学生，能够当班干部，希望在班级活动中脱颖而出，成为人人羡慕的优秀生。

当孩子的这种成就欲得不到满足时，他们就会产生失落、沮丧的情绪。父母可以对照以上孩子的需要，想想以往和孩子沟通时有没有注意到这些问题。希望您更好地了解自己的孩子，和孩子做到良好的沟通。

与孩子沟通的前提是学会倾听

中国教育家周弘说过："要想和孩子沟通，就必须学会倾听。倾听是和孩子有效沟通的前提。不会或者不知道倾听，也就不知道孩子究竟在想什么，连孩子想什么都不知道，何谈沟通？"

倾听是人与人之间沟通的一种方法，这是因为倾听能够让对方倾诉心中自己的心声，能够把心里的郁闷、压力等不良情绪都发泄出来，从而心情舒畅、精神抖擞。与孩子的沟通更是如此，不要一味地说，要给孩子开口的机会，这样才能知道孩子心里想什么。

当你在抱怨"孩子不愿意与我沟通""孩子总是把事情闷在心里"时，你有没有想过，孩子为什么不愿意与你沟通。

当你真诚地问孩子时，孩子会说：

"父母不了解我，他们总是自顾自地讲大道理，从来不听我的想法！"

"我说什么都被否定，我还有什么可以向他们说的？"

事实上，每一个孩子都是愿意与父母沟通的，但是，亲子之间的沟通之门往往被父母们在无意中关闭了。

看看下面两个例子：

例一：孩子从幼儿园回来……

妈："你回来了？"

子："我回来了。"

妈："今天在幼儿园都做了些什么？"

子："没做什么。"

妈："吃什么点心？"

子："忘记了。"

例二：孩子从幼儿园回来……

妈："嗯！宝贝，让妈妈看看！（专注地看了孩子一会儿）今天一定玩得很快乐。"

子："对呀！我和明明两个一起玩搭积木，我们搭了一座动物园，然后，把许多玩具关进去当动物，很好玩哦……"

妈："哇！听起来真的很好玩，可惜我没有玩到。"

子："没关系！下次我教你玩。"

两个例子都是孩子从幼儿园回来，妈妈的动机同样是想要了解孩子今天过得怎么样，但是结果却相去甚远。造成这种差异的原因就是，第一个妈妈只是自己在问，没有从孩子的角度考虑，也没有了解孩子的兴趣所在，所以孩子不愿意开口，而第二个妈妈则了解孩子心里想什么，问的问题也正是孩子愿意回答的，因此孩子便乐于向父母诉说。

在与孩子沟通的时候一定要考虑孩子的感受，不能自顾自地在那喋喋不休，要找到孩子感兴趣的话题，还要善于倾听。尤其是孩子犯错误或者遇到困难的时候，如果父母不分青红皂白，一股脑儿地冲孩子发火，尽耍父母的威风，给他们罚这罚那。

也许父母会暂时感觉风平浪静，久而久之，这些孩子就会对父母敬而远之，暗里却继续我行我素，或对父母产生抵触情绪，最后发展到对父母的措施感到一切无所谓，走上与父母作对，自暴自弃的路。

我们不可能一下子把思想有问题的孩子转变成优秀的孩子，但是我们却可以帮助这些孩子渐渐地向好的方向发展。

给孩子一个倾诉的机会，他非常渴望得到你的理解与谅解，如果你仔细地，耐心地，像一个心理医生一样去倾听，并分析解决他们的问题，那么这些孩子也会像病人听从医生的嘱咐一样来采纳你的建议。

美国教育家卡尔·威特说过："我在教育卡尔的过程中，渐渐掌握了一些与孩子进行沟通的经验，其中之一我称为'倾听的艺术'。"人的思想往往需要通过语言表达出来，如果你不愿意倾听孩子的心声，你怎么可能全面地了解孩子呢，不了解孩子，与孩子沟通时就会更显得费劲。

"倾听"是一种非常好的教育方式，因为倾听对孩子来说是在表示尊敬，表达关心，这也促进孩子去认识自己和自己的能力。那么，父母应该怎样来倾听孩子的心声呢？

1998年，章启轩以优异的成绩考入了清华大学。他的父母总结教育孩子的经验，写了一本《清华男孩章启轩》的书。章启轩的母亲在书中这样写道：

> 有一件事我印象特别深。那几天我儿子很兴奋，因为学校里正筹备艺术节。儿子是个外向的孩子，每次吃晚饭时都要和我们说好多班里的新鲜事，他说艺术节有一个花展，他们班负责拿花，是那种盆花，他向老师报名要拿一盆菊花。虽然他说了两次，并一再叮嘱，可我还是忘了去市场买。
>
> 那天我母亲病了，我一下班急着去看我母亲。我儿子哭了，很伤心。我一再安慰他，并给老师写了信，解释原因，可他还是很伤心。

那两天，他在吃晚饭时话都很少。第三天晚上他很认真地对我说："妈妈，下次再有这样的事，您一定要写下来，那样您就不会忘了，就像我记作业那样。"他只有9岁，我忽然觉得自己是个失职的母亲。

从那件"菊花事件"之后，我忽然意识到了：我和儿子需要进一步的交流，因为孩子能够自己解决的问题毕竟有限，更多的时候他需要家长的支持和帮助。

使孩子过度的自立会让孩子误以为我们对他漠不关心，这不仅会影响到孩子的学习，而且更重要的是会僵化我们两代人之间的交流。

倾听是沟通的前提。只有倾听孩子的心里话，知道孩子想什么，关注什么和需要什么，才能有针对性地给予孩子关心和帮助，也会使以后的沟通变得更加容易。

孩子向你诉说高兴的事，你应该表示共鸣，如孩子告诉你他在幼儿园得到了老师的表扬，你可以称赞说："噢，真棒，下次你会做得更好"；孩子向你诉说不高兴的事，你应该让他尽情地宣泄，并表示同情，如当孩子告诉你小朋友推了他一把，他非常气愤时，你可以说："你很生气甚至想打他，是吗？但你不能这样做，你可以告诉老师，请求老师的帮助"。

当孩子向你诉说你不感兴趣的话题，你应该耐着性子听，表示你关注他的谈话内容，你可以使用"嗯""噢""是吗""后来呢"等词语，表示你在认真地倾听，鼓励孩子继续说下去。这样，不仅使孩子更乐意向你倾诉，也可以提高他的语言表达能力。

跟孩子交谈时不妨放低身姿

在父母眼里，孩子之所以"小"，是因为父母站着看他们。父母是大人，个儿高，站起来看，孩子当然就显得渺小，看他们做什么事都幼稚可笑，甚至于看不顺眼。

而蹲下来看孩子，蹲下来与孩子说话，试着从孩子的角度看问题，你就会发现孩子眼里的世界不一样，你就能学会理解孩子，就会知道，孩子们犯的错误，常常是"美丽的错误"，是成长中的必然。

如果我们总是站着面对孩子，我们与孩子的距离，就不仅是身高上的几十厘米，而是一代人与一代人之间的距离，是一颗心与一颗心之间不能沟通的距离。有这样一个故事：

> 有一位父亲，他很爱自己的孩子，只要是休息时间，去任何地方都要把孩子带上，他很奇怪的是，每一次带他到步行街上，孩子总哇哇大哭，他百思不得其解，于是有一次他有点恼火俯下身子骂孩子："你哭什么？"
>
> 但孩子还是一个劲地哭，他终于忍无可忍，蹲下想出手打孩子，但就在他蹲下的那一刻，他惊呆了，当他的高度和孩子一样的时候，他所看到的不再是满街琳琅满目的商品，而是一双双人的腿……

人在长大后，无法再理解孩子的思维，总会说：在家里不听话，固执，不讲道理、野蛮……也许，孩子们想要你理解的时候，就是你所说他不听话、不讲道理、固执的时候。

孩子本身就是一个独立的个体，有自己的思想，自己的人格和尊严，他们都希望父母能够给予他们尊重和平等。父母只有和子女站在同一水平线上，孩子才有可能感受到平等。蹲下来和孩子说话，就是增强孩子平等意识的有效方式。

童话大王郑渊洁，看一眼他那充满戏剧化的光头，人们定会为他的幽默和睿智所倾倒。而他对教育孩子的非凡见解和独特方式，同样发人深省、耐人寻味。

儿子郑亚旗很小的时候，郑渊洁就这样灌输：人活着要有尊严，要懂得爱和自由；在儿子比自己矮的时候，他一直蹲着跟其"平等"地对话。

儿子从小到大对他一直直呼其名，不叫"爸爸"，直到"父亲节"央视邀他做客《艺术人生》，儿子才将一声"爸爸"作为礼物送给他。正是这样特别的家庭和特别的教育方式，让我们看到了一个特别的郑渊洁和郑亚旗。

父亲天天蹲下身子跟孩子说话，这在一般家庭是不可想象的。自古以来，"君君臣臣、父父子子"的封建思想根深蒂固，做长辈的在孩子面前总要表现出几分威严，老是那副"一本正经"的样子，生怕在孩子面前丢了面子、跌了架子，不成体统。

孩子做了错事就训斥，多问几个问题就嫌啰嗦，提什么要求都是非分的，只能是"我说你听、我训你忍、我打你挨"，使孩子完全处于不平等的"弱势"的地位。

在孩子的教育中，父母往往考虑的是需要什么样的孩子，如乖孩子、进取心强的孩子，而忽略了孩子需要什么样的父母，忽略了对孩子自尊心的培养。

殊不知，孩子树立正确的自尊观对其以后的性格发展具有重大作用。如果孩子总是在一种自卑、压抑甚至恐慌的环境中生活，必然会造成心理失衡、性格怪异、心灵扭曲，这对孩子的健康成长是极为不利的。

父母能在家庭中创造一种平等民主的氛围，这是孩子的幸运。在这样的家庭，孩子会觉得父母是自己的朋友，而不是高高在上的权威。我们知道，只有两头高度差不多，水才有可能在中间的管道里来回流动，如果一头高，一头低，水就只能往一个方向流了。

孩子与父母的交流也是相同的道理。蹲下来和孩子说话，父母与孩子才有可能平等地交流。蹲下来和孩子说话，就是让你蹲下来从孩子的角度去看问题，这样的家庭教育方式对孩子的发展和影响将是一生的。

父母应实现从教育者到共同学习者的转变，建立平等的人格，形成互学互助的关系，而不是以教育者自居；实现从居高临下向平等民主的转变，构建民主型亲子关系，使自己成为孩子的朋友，理解、倾听和鼓励孩子，和孩子在互动中一起成长。

蹲下来看孩子，许多幼稚可笑的东西，便会觉得不幼稚，不可笑，甚至会觉得了不起；蹲下来倾听孩子，对孩子来说是一种极大的关心，是孩子能够接受的一种爱护；蹲下来理解孩子，孩子离我们的距离就会缩短；蹲下来感受孩子，是我们关心孩子内心世界的一种方式；蹲下来和孩子说话，营造出来的是一种和谐的相互尊重的成人与孩子的关系，再没有比这更重要的事了。

父母不妨蹲下来跟孩子说话，为孩子营造一个良好的精神家园，真正了解孩子、理解孩子，让他始终和你有话说。父母应敞开心胸对孩子，同时也要给孩子表达感情的机会。父母给孩子埋下一粒爱的种子，便会开出热爱父母的花，还会结种子，传递给下一代。

你的唠叨，是与孩子形成代沟的开始

"妈妈，我求你别说了！你说了好多遍啦！"女儿跺着脚，对妈妈哀求道。

"知道了，知道了！你有完没完啊，我耳朵听得起茧啦！真是烦死了！"儿子捂住耳朵，对着母亲吼。

这样的镜头相信在不少家庭中出现过。不少母亲特别喜欢对孩子唠叨。有资料显示：九成以上的孩子认为母亲"太唠叨"。唠叨成了母亲的通病。我们不妨来分析一下父母有哪几种唠叨：

（1）关心的呵护式唠叨

这是一种无意识的爱孩子的本能。她认为这是为孩子好，为孩子着想。孩子还小，自控力差，做事常常顾此失彼，丢三落四，所以需要大人不断提醒。

有位母亲对孩子照顾得无微不至，事无巨细都会叮嘱又叮嘱：

"出门衣服要多穿。"

"晚上睡觉要盖好被子。"

"吃饭不要边看电视边吃。"

"放学了不要在学校逗留。"

"早些回来……"

这类母亲把孩子当成永远长不大的小不点，对孩子事事不放心，不敢放手让他受点苦，去经历风雨，不放心他独立做事。唠叨的结果是：孩子产生了依赖心理——反正有人提醒我，因而变得懒惰，散漫，没有责任感。

（2）催促的命令式唠叨

有的孩子性格活泼，顽皮贪玩，在父母眼里看来是不听话、不自觉、不好管教的孩子。父母认为他需要人催促，像皮球一样，踢一下才会动一下。于是：

"该做作业啦！"

"到睡觉时间了，该上床啦！"

"不要在外面玩得太久，8点前要回家！"

各种各样的命令声就在孩子耳边定时响起。

当然，这对于还没有养成良好作息习惯的孩子来说，父母适当的催促是应该的。但是，当催促过多过量，孩子就算听从你的话了，也会在内心对你产生抵触或怨恨情绪，疏远了亲子关系。孩子心里长期潜伏着这种负面情绪是对身心不利的，不容易养成开朗的性格，宽阔的胸怀，积极的处世态度。

（3）习惯的批评式唠叨

在家习惯了对家庭成员比如对丈夫的唠叨，自然也会对其他成员不停地唠叨。也有的和母亲本人的性格有关，她属于那种喜欢说个不停的人。这类母亲似乎一天不唠叨就不舒服，不习惯。

有位妈妈似乎对孩子怎么看也不顺眼，整天对孩子唠叨不停：

> "你怎么又做错了，今天我不检查出来，明天本子上又一个红叉，怎么这么粗心！"

> "不懂的问题要去问老师，知道吗？你什么时候能让人少操心？"

> "这次怎么才考88分呀，平时就知道玩，说了多少次了，要专心听课，心思跑到哪儿去了！"

这类母亲把唠叨紧紧挂在嘴边，怕孩子不上进，怕还会再犯错，但效果是，与孩子心理上疏远了，因为没有孩子喜欢听你不断地批评和指责。

（4）发泄的不满式唠叨

母亲工作上的压力，生活中的不愉快，人际关系的紧张，家庭的不和睦，对孩子的期望值太高等等，都会影响到母亲的情绪，而母亲的情绪又直接影响到孩子。

经常看到这样的母亲，孩子考试没考好，就对孩子大发脾气：

> "你看你，怎么就这么笨！人家某某都比你考得好！怎么就这么不争气！气死我了！"

> "生你怎么就这么没出息呢，长大了去扫马路算了！"

这类母亲实际上是在发泄自己的情绪，孩子成了他的出气筒，根本体会不到孩子的心情，不考虑孩子的心理承受力，受伤的只能是孩子。心理学上有个"超限效应"。也就是说，如果一个人接受某种刺激过多、过强、过久，超过了合理的限度，就会引起他心理上的厌倦和反抗，使他的行为朝相反的方向发展。

曾有一个孩子向心理专家求助："我的父母很唠叨，有时候为了一点小事就唠唠叨叨个没完，真不知该怎么办才好？"

看看孩子们是怎样应付父母的唠叨吧：

孩子一："我不想听时，就说自己要学习。只要我躲进书房，妈妈就不唠叨了。"

孩子二："唉，我懒得听，当作没听见，不要顶嘴就行，时间长了他们就不唠叨了。"

孩子三："如果他们说得太多的话，我就到外面呼吸一下新鲜空气！"

孩子四："说多了我会向她发脾气，我一发脾气，妈妈就怕我，不说了。哈哈。"

可以看得出，家长的唠叨让孩子有的学会了阳奉阴违，你说你的，我做我的，根本不当一回事；有的显得很无奈，心情不好；有的进行反抗，不再尊重父母，这是个危险的信号。

应该说，天下的父母没有不爱孩子的，但是，用唠叨来表示爱，效果会怎样呢？不管是哪种唠叨，唠叨太多太久，孩子的耳朵真的起"茧"了。

听多了重复单调的话语，首先会在心里产生疲惫感，进而产生厌倦感，接着就是满不在乎。因为你给孩子吃的"药"过多了，孩子产生了"免疫力"。父母总对孩子不放心，怕他做不好，以为唠叨可以约束孩子，提醒避免出差错。俗话说，"好话不说二遍。"说十次不一定比说一次有效。

听多了没完没了的批评指责，会让孩子竖起心理防护墙，从心里开始抗拒。想法躲开，因为他内心痛苦；要么和父母对抗，吵架，造成亲子关系的疏远或恶化。

孩子的忍耐程度也是有限的。超过了这个限度，孩子的心里也会承受不了。会让孩子产生抵触情绪和逆反心理。同时父母的威信也在唠叨声中渐渐失去。这就是超限效应。这些，是父母们不愿意看到的。那么该如何避免这类唠叨呢？

（1）放手让孩子做

父母要放手让孩子去做，不要把孩子当成温室的花朵，要让孩子去经受一点风雨，吃一点苦头。

比如孩子总是玩得太晚才睡，第二天起不了床，说了多次不听，那早上就不叫他，就让他上学迟到一次！

一家人一起去朋友家或出去散步，如果孩子总是磨磨蹭蹭，就规定时间，只等他几分钟。超过这个时间就不等了，自己开始出发了，让孩子在后面追赶上来吧！这是让孩子对自己的行为负责。

所以，把多次的唠叨换成一次的"狠心"，把不放心的提醒换成坚决的行动，往往效果会更好。

（2）注意语言的多变性

当孩子做不好，或有缺点，确实需要父母的提醒和说教时，父母的语言要注意富于变化，要丰富多样。不能总是单调的那几句翻来覆去地重复。

心理学上的"超限效应"表明，同一语言的反复刺激会让大脑感到疲惫，产生心理惰性，降低了孩子对你的语言的吸收率和主动接受程度，进而产生逆反心理。

（3）注意适度原则

要阻止孩子的某一行为时，注意不要说得太多。唠叨多了无益，孩子会当作没听见，这只耳朵进那只耳朵出。说一次两次就要适可而止。如果不听，你就采取行动，或者后果让他自负。

比如限制孩子打游戏，先给孩子约定时间，告诉他，时间到了要从座位上离开："我只说一遍，不然采取行动。"

这样，等孩子打游戏的时间一到，你就走过来提醒一次："孩子，你看，时间到了。"

如果孩子自觉关机最好，如果说了没听，你就说，"刚才妈妈说了，我只说一遍，说了一遍没反应，对不起，妈妈要替你关机了。"这样的处理方式容易让孩子接受。会形成孩子的自觉性，并锻炼孩子的控制力。

（4）注意教育方法的灵活多样

教育孩子并不是只有语言一种方法。也可以是表情教育，用沉默，用眼睛表示你的愤怒，有时沉默比语言的重复更有震慑力。

比如，孩子总是乱扔吃剩的果皮，你可以用手指着果皮，示意他捡起来扔到垃圾桶。

可以是书信教育，即用书面语言来表达你的看法和意愿，通过写信的方式来提醒告诫孩子该怎么做；也可以是旁敲侧听，用讲故事的方式去启发孩子怎么做；也可以给孩子一个闹钟，用闹钟来代替你的唠叨。比如，要规定孩子几点开始做作业，可在旁边放一个小闹钟，等闹钟一响，孩子就该关电视了。如果他没注意，你可暗示一下。

家长如果一天到晚把嘴"架"在孩子身上，像蚊子样在耳边频繁的唠叨，无疑给孩子套上了精神枷锁，这对发展孩子的个性，培养独立性和创造意识都是不利的。

教育孩子要在不经意的玩乐中，在父母言行中，通过有趣的，生动活泼的方式让孩子领悟做人做事及学习的道理。

仔细听孩子说，注意分辨他言语间的谎话

商蓉是一个小学三年级的学生，因为平时贪玩，回家后又没有人管束，因此总是忘记做家庭作业。

商蓉的父母因为工作忙，平时无暇顾及孩子的学习情况，只是在吃完饭时问孩子一句，作业做好了吗？商蓉总是痛快地回答，做好了。因此，妈妈一直以为商蓉在学校表现不错。

可是，当期中考试结果出来以后，妈妈看到商蓉的语文和数学都是不及格，这下妈妈慌了神，连忙请假去见商蓉的班主任。班主任老师告诉商蓉的妈妈，商蓉从来不做家庭作业，上课也不认真听讲。

妈妈听了班主任老师的话，非常生气。等到商蓉放学回家，妈妈问商蓉：平时做不做家庭作业？商蓉还像平时一样回答妈妈。

妈妈一听就来了火，她走到商蓉面前，给了商蓉两个

耳光，并气狠狠地对商蓉说："我今天去你们学校了，老师说你从来都不做家庭作业，你这个不长进的东西，成绩不好就罢了，还学会撒谎了，你说，为什么不做家庭作业？"

商蓉怕妈妈打自己，只好向妈妈求饶，说自己再也不敢说谎了，今后一定认真完成家庭作业，妈妈相信了商蓉的话。可是，过了一段时间，商蓉仍然不做作业，照样向妈妈撒谎。而且，商蓉与妈妈之间的关系也越来越僵，妈妈说什么她全当耳边风，学会了我行我素。

孩子成长过程中的问题实在太多了，撒谎就是每个孩子都曾经犯过的毛病。父母发现孩子撒谎的第一个反应就是愤怒，然后就是对孩子穷追猛打，不问清楚撒谎的原因不罢休。

结果有两个：一是孩子说出了真相，但父母并没有真正宽恕他，反而招来一次惩罚；二是孩子被逼急了，又说了另一个谎话来避免惩罚。于是，孩子的谎话一次次地说下去，说谎就变成了习惯。其实，打骂不但不能制止孩子说谎，反而会促使孩子说更多的谎话，学会与父母较劲。

其实，小孩子说谎话的原因不外乎有以下几种。

（1）是为了保护自己

孩子在做错了事后就知道事情的严重性，那就是父母可能会打骂自己。为此，他会在内心建立一种防御机制，即：如果父母打骂我，我就撒谎，如果父母宽恕我，我就实话实说。

比如，一位孩子由于不小心打碎了杯子，妈妈发现后责问他："杯子是不是你打碎的？"孩子往往会撒谎说："不是我，刚刚小猫跳上桌子打碎的！"尽管这是一种撒谎，但是，这种出于孩子的本能反应，他是为了避免妈妈的责骂。一般来说，如果不是为了逃避父母的惩罚，大部分孩子都会选择实话实说的。因此，这个方面来讲，促使孩子撒谎的根源往往在于父母过于严厉的态度。

（2）是为了掩饰自己

有些孩子的自尊心特别强，当孩子在某一方面比别人差，或者达不到父母的要求时，他往往会选择撒谎的方式来掩饰自己的失败。比如，孩子考试成绩不理想，孩子就可能向妈妈撒谎说："老师没有把考试范围说清楚"或者"考试那天我正好不舒服"，这种说辞实际上是孩子借此来掩饰自己的弱点。

面对这种情况，如果父母能够会意地说："哦，那下次老师说考试范围的时候，你一定要用心听，避免再出现这种错误！""考试前一定要准备充实，锻炼好身体，这样才能考个好成绩呀！"孩子就能听懂父母的言外之意，这样，既给了孩子面子，又让孩子明白了他应该怎样做。

（3）是为了达到某种目的，或者想得到一些东西。

比如，有些孩子会告诉妈妈："老师要让交20元钱买课外复习资料。"

其实，孩子是拿了钱去买自己喜欢的玩具。父母一定要察觉孩子的异样，避免让孩子撒谎成功而促使他不断撒谎。

（4）是虚荣心的驱使

虚荣心在儿童身上也较为强烈，他们不希望自己被人瞧不起。为了满足自己的虚荣心，他们会用谎言来粉饰自己，如成绩不佳却说成高分，编吹父母担任要职、有丰厚收入等。对此要让孩子了解谎言改变不了事实，胡吹的荣耀不能维护自己的尊严，只能膨胀自己的虚荣心，尊严要用自强来维护。

总之，孩子的说谎很少有损人的目的，要注意爱护引导，一般情况是容易说服教育过来的。

同样是类似的情况，让我们来看看另一位妈妈是如何处理的：

妈妈从学校回来后很生气，可转而一想，做父母的也要负很大的责任。妈妈想到这儿，就心平气和地等孩子回来。看到孩子高高兴兴地走进家门，妈妈没有立即责问孩子为什么不做作业及对父母说谎的事情。而是让孩子坐在她的旁边，让孩子和她说说学校里的事情。

孩子说了许多有趣的事情，妈妈也很高兴。

后来，妈妈对孩子说："我今天见到你们老师了，老师说你成绩有些退步，妈妈想知道是什么原因？"

孩子看到妈妈没有责怪他，就鼓起勇气说："我一直都没有做家庭作业，还瞒着你，你不怪我吗？"

妈妈看着孩子，和气地说："是妈妈没有时间照顾你，忽略了你，只要你以后用心学习，认真完成作业，老师说你肯定能取得很好的成绩。"

孩子看到妈妈这么理解自己，又这么鼓励自己，以后即使妈妈不在家，也能认真完成作业，成绩也渐渐上去了。

可见，对于孩子说谎，父母不应反应急躁，应先查明原因，了解说谎背后的动机，然后采取宽容的谈话方式，理解孩子的说谎行为，并想方设法让孩子明白根本没有说谎的必要。

其实，父母只要用宽容的方式对待孩子说谎的行为，孩子都会理解父母的苦心，从而认识到自己的说谎行为是错误的，并努力纠正自己的错误。这样一来，不但起到了教育孩子的效果，也会使孩子与父母之间的感情得到进一步加深，让孩子更加信任与尊重父母。

（1）父母要做诚实的人，为孩子树立榜样

发现小孩撒谎，家长应首先检查自己。研究表明，撒谎儿童最有可能来自父母有此行为的家庭。要培养诚实的孩子，自己就不应撒谎，尤其不能在孩子面前说谎。有时父亲向母亲撒谎，孩子看在眼里，记在心里，很容易"上行下效"。

（2）严厉的惩罚会诱发孩子说谎

父母的惩罚无疑会让孩子恐惧，进而想逃避惩罚。恐惧责罚的心里会让孩子一次又一次地说谎。

（3）相信孩子

也许家长培养讲真话的孩子最重要的贡献莫过于发展一种相互信任的关系。如果家长经常对孩子表示信任，不论多大的孩子都会感到自豪。在法庭上，被告未被证明有罪之前都是清白的，但在家里却不同，年幼的"被告"一开始就被认为是有罪的。即使发现孩子撒了谎，对他们的信任也不应结束。可以告诉孩子，一个谎言可以饶恕，但如果谎言继续发生，就可能像喊"狼来了"那个男孩子一样失去了人们的信任。

（4）不要专制

允许孩子对自己的行为做出解释不要过分专制，不要对孩子要求过高，更不要以自己的标准来判断孩子的得失，这样无形中会给孩子过大的压力。当孩子觉得压力太大无法承受时，就会不自觉地隐瞒事情的真相，孩子就会逐渐学会说谎。与此同时，允许孩子做出解释，并相信他。

你的威胁，只会招来孩子的仇视

《家庭教育》曾刊登过这样一则故事：１３岁的杨阳上初中一年级了，考试成绩出来的第二天，爸爸叫住了他。

父亲："杨阳，考试成绩出来了吗？"

儿子："怎么了，爸爸？"

父亲："我在问你考试成绩出来了吗？"

儿子："出来了。"

父亲："你考多少分呀？"

儿子："65分。"

父亲："你们班最高分是多少？"

儿子："不知道。"

父亲："最低分呢？"

儿子："不知道。"

父亲："你怎么什么都不知道？瞧你那熊样，没有一点出息，我怎么听说庆庆考100分，听说你的分数最低呢？"

儿子："你都知道了，还要问我干什么？"

父亲："你这孩子，怎么说话的？我是你爸爸，我不能关心你？就你这态度？能学好才怪呢！考试成绩不好也不觉得脸红？"

儿子不吭声。

父亲："怎么不说话了？我早就告诉过你，要用功学习，向庆庆看齐，不要总看电视，也不要总是疯跑，可是你怎么样？今后你必须老老实实地在家学习。"

儿子："你不是说我不是上学的料吗？"

父亲："下次再不考好，你就别进这个家门，我没有你这样的儿子。"

儿子："不进就不进，看你能对我怎么样？"

……

上面案例中的父亲刚开始像警察一样盘问孩子，孩子自然会有反抗的情绪。当孩子产生逆反心理的时候父亲就企图用威胁的方式来压服孩子。但实际上，效果并不好。我们可以看到，孩子在与父亲的对话过程中总是以"不知道""忘了"作为抵抗手段，这也看出父子之间存在沟通的障碍。

父母如果习惯于板着面孔教训孩子，威胁孩子，孩子就会因为感受不到家长的爱心而与家长变得疏远、隔膜，同时，由于父母的威胁，孩子与父母之间的敌意就会越来越强。

有些父母威胁孩子要惩罚他，却从不施行。这样会导致父母威信的丧失。巴拉德博曾着重阐述过这个原则：

不要威胁孩子，如果你威胁了，就必须实施你的惩罚。如果你对孩子说：'再这样我就杀了你。'如果他真的再这样了，你就必须杀了他；否则，你将失去对他的威信。

如果父母威胁说要惩罚孩子，就要做好惩罚的准备。不要侥幸地认为你的吓唬被孩子遗忘。孩子不久就会认识到，大人的一切声明和威胁都是假的，从而使孩子我行我素。

如果孩子总是震慑于父母的威严之下，只会变得胆小懦弱、封闭自卑，甚至种下仇恨父母的种子。

每个人都会有恐惧的心理。这种恐惧又分为两种，一种是自然的本能反应，即对于危险的恐惧。另一种就是神经性的忧虑，即一个人在没有遇到危险的情况下产生的一种无端的害怕，可能说不出理由，也可能说出了，在常人看来不足以引起恐惧。小孩子最容易产生这种神经性的恐惧。所以，家长不仅不能恐吓孩子，以免加深孩子的恐惧，还要以正确的方法教育他，使他不至于产生无谓的恐惧心理。孩子不听话时，如果你对他说："你不听爸妈的话，就让妖怪来捉你！"

这的确比费心地向他解释为什么要听话、怎么才算听话容易得多，可是，它产生的后果却是许多家长始料未及的。

千万不要用医生、警察、老师及其他让孩子害怕的人去恐吓他。一个怕医生的孩子，生病的时候是不会跟医生合作的；一个怕警察的孩子，即使他迷路了，他也不会去问警察；一个怕老师的孩子，怎么可能安心听老师的课？

小可的家教很严，在爸爸规定的时间内，小可必须在家里。有一天，过了规定的时间，小可还没有回家。妈妈顾不上做饭，四处寻找，最后终于在屋后的池塘边找到了他。只见他蹲在池塘边一动不动，正在看得出神。

妈妈看到小可这个样子，非常生气，责备说："天这么黑了，你在这儿干什么？你不知道爸爸妈妈有多着急？"

小可好像没有听到妈妈的话，指着池塘说："你看，我折的小船多棒啊！都好长时间啦，它都没有沉下去。"

妈妈真想一把拉住小可就走。这时，小可接着对妈妈说："我要是这艘小船的话，我也会坚持不沉下去，因为我想到大海去看看，那该多么有意思。"

妈妈听了孩子的话，发现小可心里充满梦幻和理想，就趁机鼓励小可。小可非常高兴地说："我长大了要造最大的轮船！"

母子俩一直等到看不见那只小船了，才一起回到家里。

回家后，妈妈向爸爸解释了一切，爸爸不但没有责怪小可，还表扬了他。小可从此更加努力了。

小可的妈妈在看到小可一人蹲在池塘边时，并没有采取威胁的方式"天黑了，你再不回家，你就别回来了！"而是看到孩子的优点，并加以鼓励，促使孩子更加努力，明智的家长是会让孩子的梦想起航，而不应折断孩子腾飞的翅膀！

孩子毕竟是孩子，他有时并不明白父母只是为了哄他而说出威胁的话，并非真的不要他或不爱他。作为父母，应该明白，恐吓和威胁是一种很愚蠢的手段，它不但不能让孩子变得听话，而且会伤害孩子的心灵。

（1）父母说话要以有效为原则

父母在跟孩子打交道时，必须重视自己说的话，不要想说什么就说什么，应该考虑到说话的效果。父母对孩子允诺什么事一定要谨慎，已经答应孩子的奖赏一定要做到。对孩子的惩罚也要合理、有效。

（2）父母不要轻易威胁孩子

事实上，父母的威胁只是自己生气时情绪的一种表露，所威胁的惩罚措施也是不切合实际的，更是不会施行的。因此，这种威胁不但毫无意义，反而让孩子不把父母的话当回事，看不起自己的父母。一般来说，父母最好不要用威胁的方式与孩子说话，以免引起孩子的反感。

（3）要制定家规，对孩子"约法三章"

父母要通过与孩子的沟通和协商的方式，让孩子承诺对生活、学习、家务的责任，并规定违规处罚方式。如零花钱超支，就在下月扣除；用电脑超过一定时间，第二天就停用一次等。协议要落到书面上，家长和孩子共同签字。

（4）父母要创造多元化的沟通渠道

父母与孩子之间的沟通不能仅仅立足于语言上的沟通，应该采取多种方式。家长的语言符号用多了，往往容易引起孩子的逆反心理。而多种新颖的沟通方式，比如孩子的生日蛋糕，可以写着"孩子我爱你"，既容易增加情趣，又易于沟通亲子之间的感情。

在孩子发脾气时耐心倾听

小米6岁时爸爸妈妈离婚了，2年后，妈妈又结了婚。小米对继父一点也不了解，也不想了解，因为他不喜欢继父，他一直想着自己的亲生父亲，一想到自己要和一个陌生的男人在一起生活，他就感到很烦闷。

继父每次回家时，都会给他买一些他最爱吃的东西，但小米一点也不喜欢他，每次继父和妈妈一块出去玩，小米就假装肚子痛，不让妈妈出去，或者自己大发脾气，搅得全家人都不安生。

有时妈妈拉着小米出去玩，只要没有继父在场，小米和妈妈玩得很好，但只要有继父在场，小米就一会儿这疼，一会儿那不舒服。在玩的过程中，他也不愿与继父交流，继父问他什么问题，他不是一声不吭，就是随便应付一下。

这天，继父和妈妈商量一块去奶奶家，让小米也去准备一下。

小米一听去继父的妈妈家，心里很不乐意，就赖在房间里不出来，妈妈一催再催，小米就是不愿去。妈妈急了："怎么啦，你这孩子，怎么这么不懂事？"

小米一听妈妈这样说，也开始发脾气，并对妈妈说："我就是不想去，我就是不想去！你凭什么让我去别人家，她又不是我的奶奶！"妈妈气急了，给了小米一个嘴巴，小米更是又哭又闹，弄得妈妈不知怎么才好。

其实，小米的妈妈没有理解孩子发脾气的原因。父母离婚对孩子的伤害最大。因此，再婚的妈妈一定要好好保护孩子的感情，用理解的方式，适当的途径解决孩子心理上的问题，让孩子也能理解父母。

妈妈可以和继父商量，让他想办法拉近与孩子的关系，比如：细心观察孩子的兴趣爱好，陪他一起玩孩子最喜欢的游戏，经常到幼儿园去接他等，通过这样的途径逐渐拉近父子之间的关系。

妈妈也可以与孩子一起讨论继父和亲生父亲的问题，妈妈可以直接告诉孩子：自己不可能与原来的爸爸生活在一起了，如果没有新爸爸，那这个家就不是完整的家。再说，新爸爸也很喜欢小米，多一个人疼你不是更好吗？慢慢地，小米就能接受新爸爸，也就不会对妈妈无缘无故地发脾气了。

一般来讲，孩子发脾气的行为会随着年龄的增长而减少。如果你的孩子爱发脾气，你不要轻易地下结论说自己教子无方。每个孩子养成发脾气习惯的原因是不同的。有时候孩子发脾气仅仅是因为过度疲劳或受了刺激。不管孩子为什么发脾气，必须让孩子明白这种行为毫无意义，它不能帮助他克服挫折，逃避责任。

当孩子向父母发脾气时，父母首先要用理解的方式，耐心倾听孩子的心声，做孩子可以亲近和说心里话的朋友。即使孩子有时候的行为父母一时无法理解，也不要急于下结论，要允许孩子辩白，然后，心平气和地与孩子进行讨论。

有个爱发脾气的小男孩，父亲给他一袋钉子，告诉他，每次发脾气时就在院子的篱笆上钉一颗钉子。第一天，男孩钉了37颗钉子。后来的几天，他学着控制自己的脾气，每天钉在篱笆上的钉子数量逐渐减少。他发现，控制自己的脾气比钉钉子要容易得多。

有一天，他一颗钉子都没有钉，他高兴地把这件事告诉了父亲。父亲说："从今以后，如果你一天都没有发脾气，就可以在这天拔掉一根钉子。"

日子一天天过去，最后，钉子全被拔光了。父亲带着男孩来到篱笆边，对他说："儿子，你做得很好！可是篱笆上的钉子洞永远不可恢复。就像你和别人吵架，说了难听的话，你在别人心里留下了一个伤口，无论如何道歉，伤口还在那里。"

这位父亲的教育充满了智慧和耐心，让男孩学会了控制自己的情绪，学会了尊重他人。做父母的都应该向这位父亲学习，帮助孩子控制好自己的情绪。

看看实际生活中一位爸爸是如何解决孩子总对妈妈发脾气的：

小烁最近不知是怎么回事，总是对着妈妈发脾气。妈妈以为是孩子学习上烦心，所以没有太在意。这天，小烁不知道为什么，又开始在家里撒野，对妈妈大发脾气。

这时，刚好爸爸回来了，他看到小烁对妈妈的态度，放下手中的包走近孩子说："有什么事情不能好好说吗？"孩子被爸爸的举动吓了一跳，赶紧回到自己房间。

妈妈看到这个情形对爸爸说："这孩子不知怎么啦，最近总朝我大呼小叫的。"

爸爸听后说："我晚饭后找他谈谈。"

等吃完了晚饭，爸爸走进小烁的房间，爸爸关切地问："你最近有什么难以解决的事情吗？"

小烁看到爸爸这样，主动地说："爸爸，对不起，我不该朝妈妈发火。"

"认识到自己错了就好，爸爸不希望你再出现这样的事情。不过，爸爸知道你最近一定有烦心的事，因为你平时一直是个很懂礼貌的孩子。"

"爸爸，我……"

小烁似有顾虑不敢说，爸爸对小烁说："爸爸妈妈是你坚强的后盾，不论你有什么困难，如果你能解决，爸爸当然希望你能自己解决，如果你暂时解决不了，爸爸妈妈都可以和你一起想办法，但爸爸不希望你任意乱发脾气，因为你是个男子汉，应该懂得控制自己的脾气，爸爸相信你能够做到。"小烁对爸爸说："谢谢您，爸爸！我一定能很好地解决。一会儿我就去找妈妈道歉。"爸爸笑着点点头离开了。

有时候，孩子对父母发脾气，父母不要以为自己的威信不再对孩子有震慑力，而恼羞成怒、大发雷霆，而应该试着走近孩子身边，关心孩子，去理解孩子的处境，也许会收到不错的沟通效果。父母要有意识地创造一种能够耐心听孩子说话的氛围，比如经常一块散步、共同做游戏、参与孩子喜欢的活动、给孩子表达内心的机会等。

面对孩子的哭诉时保持冷静

李小萌今年上初二了。她从小活泼开朗，心地善良。上小学时，基本上没让父母太操心。自从上了中学之后，好像心事多了，情绪也变得复杂了。

有一天傍晚，李小萌放学后一直不高兴，还十分反常地跟妈妈发脾气。

后来，妈妈才弄明白，原来白天在学校做作业时，李小萌因为拿橡皮不小心碰到了正在写字的同桌，虽然李小萌连忙说"对不起"，可是，那位男同学还是一拳打了过来。当时老师没有看见这一幕，李小萌觉得这种事情不应该和老师报告，但是，李小萌却觉得自己很委屈，于是只好在家里来发泄了。

孩子在学校受委屈是比较普遍的问题。学校是一个小社会，那么多孩子在一起难免会发生一些摩擦。

而且，由于每个孩子都来自不同的家庭，有不同的性格和想法，孩子们在处理同学之间的关系时，必然会出现不同的意见和行为，使某些同学占了便宜，某些同学受了委屈。这都是非常正常的，关键是父母怎样帮助孩子，对孩子进行正确的心理疏导，才不至于影响孩子今后的学习生活。

孩子受了委屈以后必然很难过、很伤心，父母要对孩子进行心理疏导，帮助孩子分清是非对错。怎样对孩子进行心理疏导呢？

（1）释放孩子的委屈情绪

当孩子觉得委屈时，爸爸妈妈要及时了解他们委屈的原因，让他们的情绪得到释放，这样才能让他们形成健康、乐观的心理。

（2）接纳孩子的情绪

当孩子受委屈时，能够将不快宣泄出来，是件好事。应该让孩子适度哭闹宣泄自己的情绪，之后，再好好地去安慰孩子，设法使孩子的情绪在爆发后能够渐渐平静下来。但是，安抚孩子不应该是无条件地顺从孩子。如果毫无原则地一味迁就孩子，并不能真正解决孩子的问题。

（3）让孩子诉说

当孩子的情绪平静下来以后，让孩子主动述说事情的原委，当孩子提及自己的感受时，鼓励其说出为什么会有这样的感受。父母要仔细听，可以心平气和地从其他人的角度假设几个问题问孩子，引导孩子从他人的角度看问题。

（4）提高孩子的心理成熟度

孩子在成长过程中难免会遇到这样那样的小挫折，父母要提高自己孩子的心理成熟度，要让孩子学会合理调节自己的情绪，而不是一味地觉得委屈。

让我们再来看聪明父母的做法：

美琴回家后就闷闷不乐。

吃晚饭的时候，妈妈看出了女儿情绪低落，忙问道："孩子，怎么了？是不是遇到什么麻烦事了？"

美琴一听，眼泪就"唰"地流了下来。

"不要哭，跟妈妈慢慢说。"

"今天老师给我们重新安排座位，班上有一位叫小怡的女生，性格比较内向，因为家里穷，穿得也很寒酸，大家都不喜欢她。原本，她与一位男生同桌，因为老受那位男生的欺负，老师要安排女生跟她同桌。起先，老师安排别人跟她同桌，但是，人家都不愿意，最后，老师让她跟我同桌。我也不愿意，可是我不好意思说，也不敢当众这么说。现在倒好，我就成了冤大头，整天跟她坐在一起。"美琴抽泣地说道。

"哦，原来是这样，那你一定觉得非常委屈吧？"妈妈说。

"是呀，为什么偏偏是我呀？"美琴的眼泪又流了下来。

"妈妈知道你心里受不了，你觉得跟一个大家都不喜欢的人坐在一起，也会受到大家的讨厌，是吗？"

"是呀，已经有同学说我闲话了。"美琴委屈地撇了撇嘴。

"那小怡的学习成绩怎样？"

"她学习倒挺好的，因为没人愿意跟她玩，她就整天埋头学习。老师挺喜欢她的。"

"瞧，人家小怡也不是什么人都不喜欢她，老师还喜欢她呢，是不是？"妈妈接着说，"我知道我们美琴是个活泼的孩子，喜欢与人交往，这是你的长项，你可以帮助小怡多与人交往，让大家都喜欢小怡，这样不是很好吗？"

"可是，小怡这个人不爱说话，也很小气，没人喜欢她。"

"她为什么小气？为什么不爱说话？是不是因为家里穷？"

"是的。"

"那就是你们的不应该了。你应该告诉大家小怡的情况，大家不应该鄙视小怡。"妈妈说，"其实，妈妈认为，你跟小怡一起坐，对你有很大的帮助。"

"什么帮助？"

"她不是学习成绩好吗？你跟她坐在一起，多虚心地向小怡请教，小怡因为没人跟她说话，只要你愿意与她交往，她就会喜欢你，会把她的学习方法告诉你，这样，不仅你和她的关系能够改善，而且你的学习成绩也能够不断提高，你说是不是？"

"好像是，可是，我不好意思向她请教。"

"有什么不好意思的，你想想，同桌之间就应该互相帮助，你帮助她提高人际交往能力，她帮你提高学习成绩，这不正好吗？"

"那我试试吧！"美琴的情绪渐渐好转了。

在接下来的几天，美琴果然主动地向小怡请教问题，而小怡也会耐心地告诉她，结果两人成了好朋友，其他同学也渐渐喜欢上了小怡。美琴的学习成绩也提高了，还受到了老师的表扬。

孩子受点委屈是很正常的事情，父母一定要控制自己的情感，不要一味地替孩子打抱不平，要让孩子处处占上风。明智的父母要引导孩子克服委屈的情绪，正确处理事情，从而成为乐观而通达的孩子。

第三章

在交谈中塑造孩子的三观

　　如果您对画画有一些了解就应该会知道，在画画时，第一步，也就是最重要的一步，便是先勾出一个大概的轮廓，也就是所谓的"起形"。如果形起不好，那后续无论多用心描绘细节，作品也终会失败。而对于人来说，孩童时期，便相当于画画时的起形期。如果父母不能在子女的孩童时期帮其塑造正确的三观，那孩子这一生也免不了走几遍歪路。

你其实并不忙，留一些时间听孩子说话

一个星期天，萌萌的妈妈早早地开始打扫卫生。作为工薪族，工作日总是非常忙，这一天要把一周的家务全做完。

正当萌萌的妈妈忙得不可开交的时候，4岁的儿子萌萌捧着他心爱的玩具车急匆匆地跑了进来。

"妈妈、妈妈，萌萌的玩具车坏掉了！"人还没到，声音就先到了。

萌萌的妈妈只顾自己拖着地，头也不抬地说："车坏掉了我也没有办法呀，等妈妈拖完地再说，乖儿子，一边先玩去吧！"

"那可是我心爱的玩具车呀，妈妈你帮我看看，到底是哪里出了毛病？"儿子着急地说。

但是，当萌萌的妈妈看着儿子把自己刚拖好的地又踩得到处都是脚印，想到自己忙完这些家务后还有很多事情要做时，她就显得很不耐烦。

手扶拖把对儿子说："萌萌，妈妈真的没空，等妈妈有空了再帮你看，好吗？你看你把妈妈刚拖好的地又踩脏了，快出去玩好吗？"

"不嘛，不嘛！"萌萌显然是很在意他的玩具车，着急地说道："妈妈，你现在就帮我看看吧，我还要和小朋友一起去玩呢！"儿子一边说还一边抓着妈妈的衣服用力摇。

这时，妈妈的火气"蹭"地一下子就上来了："你怎么这么不懂事呀？没看妈妈正忙着吗？"她大声地吼道。

"哇……妈妈最坏了，一点都不喜欢我，我再也不理你了！"萌萌把他的玩具车重重地摔在桌上，哭着跑开了。

许多时候，孩子往往会碰到一些急得跺脚而处理不了的事情，但是，这些事实对于父母来说却是可以轻而易举完成的。面对这种情况，父母不要觉得孩子麻烦，而是要放下手头的工作，认真地倾听孩子想要诉说的事情，或者及时帮助孩子完成他求助于你的事情，让孩子觉得自己受到了尊重。

这样，孩子就会把父母当成最信任的朋友，孩子会乐意和父母相处，更愿意说出他的心理感受，从而使父母避免一些不必要的亲子冲突。

同样的情况，如果父母能够充分注重孩子，当孩子来找自己说话的时候，能够主动放下工作，认真倾听孩子的述说，那么，结果肯定会不一样。我们来看看另一位妈妈的做法：

晚上，楚楚的妈妈正在赶写一篇工作总结，可是楚楚的布娃娃出现了问题，非要妈妈帮忙修理一下。

尽管楚楚的妈妈心中的怒火快要爆发，但是，她还是强作镇定，努力让自己冷静下来。然后，微笑着对孩子说："楚楚，布娃娃哪儿坏掉了，拿过来让妈妈看看。"

"娃娃不会眨眼睛，不会唱歌了。"楚楚急忙把心爱的布娃娃递过来，让妈妈帮她看看。

看着楚楚一脸着急的神情，妈妈也觉得很心疼。

妈妈接过布娃娃，仔细地检查了一遍，发现电池松动了。于是，妈妈把电池装好，然后，按了一下电源，布娃娃又开始欢快地眨着眼睛唱歌了。

"哦！妈妈真棒，小布娃娃又会唱歌了！"楚楚高兴地跳起来。然后，楚楚开心地钻进妈妈的怀里，捧起妈妈的脸，亲了又亲："明天，我又可以和小朋友一起去玩了，妈妈真好！"说完，楚楚抱着她的布娃娃，蹦蹦跳跳地回自己的房间了。

虽然每一位父母平时的工作都很忙，对于孩子所说的话和求助，很多父母也的确很难完全集中注意力，但父母仍然应该放下手头的活，专心听孩子说话。

因为成人的理解能力和接受能力相对比较快，比较容易明白孩子述说的意思，而孩子的述说常常是断断续续的，使忙于家务的父母容易走神，有些父母甚至不耐烦地呵斥孩子，结果，不但把孩子想要表达的欲望给打消了，而且让孩子感觉到父母对自己的冷淡，从而影响孩子对父母的感情。所以，父母更应该多给孩子一点时间和关注。

作为父母，千万别认为孩子还小，只要他吃好、穿好、身体好就可以了，其他什么事情都不重要，其实，对于孩子来说，更不能忽视的是心理健康。

（1）放下手中的工作

实际上，每个孩子都是有自尊的，他们需要父母的关注。如果父母能够在孩子和自己说话时做到主动放下手中的工作，微笑着注视着孩子的眼睛，认真地倾听孩子的诉说，让孩子感觉到父母对自己的尊重，这样，孩子就会把自己想要说的话都说给父母听。

（2）引导孩子把事情说清楚

当孩子在诉说的时候，往往无法把事情表述清楚，尤其是年幼的孩子。作为父母，一定要从孩子的心理出发，努力引导孩子把事情说清楚。比如，对于年幼又急躁的孩子，父母应该说："妈妈听着呢，你慢慢说。""不要着急，你一句一句说。"对于年长一些的孩子，如果孩子找你谈事的时候，肯定是孩子认为比较重要的事情。因此，父母应该说："要不，咱们到书房慢慢谈？""你等我一会，我洗个手，咱们坐到沙发上去谈，好吗？"

（3）要表达出认真倾听的样子

父母在倾听孩子诉说的时候，一定要神色专注，面带微笑，让孩子感觉到父母的真诚。当然，如果父母在倾听孩子说话的时候，能够适宜地加上"哦，原来是这样呀""妈妈认为你做的是对的""这样很好，妈妈很支持一旦"等应答语，孩子就会更加信任父母，把自己的心里话都告诉父母。

温柔否定，拒绝一棒子打死

在孩子在成长过程中，不可避免地会出现这样那样的错误。对于孩子无意造成的错误，父母尽量不要过多地批评，但是，在亲子沟通过程中，批评作为一种教育和沟通方式，不可避免地会被使用到。只要批评是有建设性的、客观的，孩子还是容易接受的。

很多父母会认为，他们对孩子的态度是孩子行为的结果，而不是孩子智力和能力较差的原因，甚至认为他们对孩子的评价很公正。是父母的态度在先？还是孩子的才智水平在先？这两者的关系远比人们认识的复杂得多。

父母给孩子的成长提供大量的实践材料。孩子处理事物的方式，对待人际关系的方式，主要受父母态度的影响和强化。孩子的自尊，自信，自主性，意志力都受父母态度的影响。

父母的态度和孩子的才智水平是互为因果的。父母或父母的态度对孩子的智力和能力是有巨大的影响。即使孩子真的差一些，父母以较好的温和的态度对待孩子，更多给孩子以积极的评价，那么孩子的态度往往是积极的，对周围事物的看法也是乐观和自信的。

孩子会认为别人希望自己在智力上有所成就，而往往就变成现实。消极态度和评价只能使孩子的信心更差，使孩子更为不敢和不会去努力，其结果使孩子的智力和能力更差。

父母对孩子的态度不仅影响孩子智力发展和学习，也影响孩子其他能力和人格的发展。如孩子的社会适应能力、人际交往能力、自主能力、独立能力等。人的这些能力是在童年时代奠定下基础的，父母对待孩子的态度，对孩子在这些方面能力的形成有巨大影响。

父母是用温和的态度鼓励孩子去和其他孩子交往，还是限制孩子的交往；父母是有意让孩子在某种环境受到挫折，得到锻炼，还是把孩子保护起来，害怕孩子受到挫折；当孩子受到挫折是帮助、鼓励孩子，还是讽刺、嘲笑、忽视孩子，甚至让孩子在挫折面前逃避，都将对孩子造成重大的影响。

父母对孩子持有消极粗暴的态度，就会影响孩子的行为向不良或不健康的方面发展，父母对孩子持有积极温和的态度，就会影响孩子的行为向健康的方面发展。

只有在父母温和的态度下，在父母的鼓励和帮助下，孩子在社会能力方面才能建立起较好的自我评价和自我意向，建立起自信心，从而很好地发展出自主能力、独立能力和其他社会能力，为一生奠定良好的基础。所以，父母要永远用温和的态度对待孩子。

张女士的孩子今年上初二，在小学时也是非常聪明乖巧，学习成绩不冒尖但也不算坏，张女士从来也没有多费心过，别人也都夸她的孩子聪明懂事。张女士也曾非常的骄傲和自豪。可是孩子上初中后，学习成绩一落千丈，逆反心理也非常强。

去年一年，家里经常充满火药味。孩子英语考试不及格，张女士找老师每周进行补课，结果一学期花了3000元，还是考试不及格。张女士说东，他偏要西，母子俩总是话不投机半句多，说不了两句就会吵起来，张女士和丈夫也是因为孩子的教育问题经常拌嘴。那一段时间张女士非常的痛苦，不知道该怎么办，对孩子说话也非常尖刻。

有次张女士当着孩子的面说：人家怎么养那么好的孩子，每次考试都那么好，我怎么养了个这么笨的孩子？孩子脑袋反应特别快，立即回了张女士一句说：我怎么遇见了这么笨的妈妈，人家妈妈都是当厂长的，你干的啥？张女士当时哑口无言。

后来张女士仔细反思，孩子的问题到底出在什么地方。

感觉是自己对孩子的态度出了问题，对孩子的态度越差孩子的成绩就越滑坡。张女士觉得找到了原因，就决定改正自己的态度，对孩子永远保持温和的态度。

从此之后，无论孩子做什么，张女士总是用耐心温和的态度对待孩子。

两个月过去了，奇迹出现了，孩子和张女士都有很大的变化，孩子不再和她做对了，有什么事情还会主动请教她，也知道关心人了，不再发脾气了。星期天张女士去值班时，还会嘱咐她说："妈妈你放心去吧，我在家会管住我自己，路上要小心。"另外，孩子写作业也比以前快多了，也知道努力，每次周末回家都会让爸爸给他辅导物理、数学等科目。

孩子现在英语虽然还不是太好，但从他的眼神中张女士能看出他早晚会赶上的。

这个案例说明：父母对孩子的态度不仅影响孩子智力发展和学习，也影响孩子其他能力和人格的发展。

所以，当发现孩子犯了错时，父母要注意控制自己的情绪，从孩子的角度出发，用温和的态度对孩子讲清楚问题的后果，保护孩子的自尊心，让孩子认识自己的错误，当然还可以用温和的语气进行适当的批评。

美国教育家斯特娜夫人说："自尊心是一个人品德的基础。若失去了自尊心，一个人的品德就会瓦解，人之所以变成了醉汉、赌徒、乞丐和盗贼，都是由于失去了自尊心的结果。父母经常絮叨孩子的过失，就有损于孩子的自尊心，这是不正确的。在他人面前揭露孩子短处的父母，不配做父母。"

明智的父母要学会在众人面前称赞孩子，而在孩子遇到问题或犯了错误的时候，在家里单独进行教育。

英国作家洛克也说过："对儿童进行批评时，要在私下里执行；对儿童的赞扬，则应当着众人的面进行。儿童受到赞扬后，经过大家的一番传播，意义会很大，他会以之为骄傲和目标，并在以后的岁月里更加努力去获得更大的赞扬。而当众宣布他的过失，会使他无地自容，会使他失望，因而父母制裁他的工具也就没有了。"

洛克还说，父母越不宣扬子女的过错，则子女对自己的名誉就越看重，因而会更小心地维护别人对自己的好评。如果父母当众宣布他们的过失，使他无地自容，他们越觉得自己的名誉已受到打击，维护自己名誉的心思也就越淡薄。

对于年幼的孩子来说，讲大道理总是无法起到真正的效果，孩子们往往会这只耳朵进，那只耳朵出，这不是代表孩子们故意与家长作对，而是孩子的理解能力有限，无法理解高深的道理。在这种情况下，父母要学会用孩子的思维思考问题，用孩子的语言来友善地批评孩子。

陈晖在她的著作《享受成长》中记录了这样一件事：

儿子在等着吃饭时，总要上网玩玩，可饭熟了叫他来吃，就特别难了。你要是多叫了几句，说不定他还要说你烦，因为他玩得正有劲呢。我思量着什么时候跟他聊聊。

儿子正在看着电视，我坐了过去。

"妈妈好！"儿子热情地说。

"儿子乖！"

"妈妈也乖！"

"可儿子在上网的时候不乖！"

"我上网时妈妈不乖。"

"妈妈好想乖，但前提是你必须乖。"

"那是因为你烦我。"

"妈妈让你吃饭不对吗？"我把话切入正题，儿子语塞。"希望儿子上网时乖，那妈妈也会乖的。"

美国教育家塞勒·塞维若认为，批评孩子是为了孩子的健康进步，鼓励孩子也是为了孩子的健康进步。既然是为了相同的目的，手段的选择就应以双方都乐于接受为原则。在批评孩子的时候，如果父母善于运用温和的语言，孩子与父母之间就比较容易获得共同的语言，从而更好地进行交流，使批评取得更好的效果。

敢于把决定的权利交给孩子

比尔·布莱斯获得驾照后，便借了一本有关机动车辆维修与保养的书，废寝忘食地学了起来，有时还打开自己汽车的发动机罩，看看它是如何工作的。她的妹妹朱丽娅前段时间参加跳绳比赛时，落到了全班同学的后面，这令一向都很要强的朱丽娅非常难过。

于是，她暗下决心，争取通过自己的努力，改变这个落后局面。她专门前去文体用品商店，买了一条跳绳，利用自由活动的时间，连续练了好几周。俗话说得好，功夫不负有心人，如今，朱丽娅已成了全班跳绳跳得最好的学生。

比尔和朱丽娅进取心比较强，他们俩做什么事情都比较主动，他们的母亲萨莉不无自豪地说，"我们很早就教他们俩学会自立，并让他们认识到，只要积极进取，敢于尝试，没有做不好的事情"。

在比尔19岁，朱丽娅18岁那年，他们的父亲建议他们在自己所上的那所大学的旁边，开设一个专卖酸奶的小店，通过经营这个小店，学会如何做生意。比尔与朱丽娅采纳了父亲这个建议，他们相信靠着他他们自己的那股闯劲，一定能够取得成功。

数月后，他们俩把平日的全部积蓄共计1万美元，作为办好这个小店的初期投资，用来购买更多适销对路的日用品。时至今日，令人不可思议的是，他们当初开办的那个小店，已经发展成为在全世界有1000多家连锁店的大公司。上一年，他们的连锁店的销售总收入高达8500万美元。

一些孩子每天花几个小时看电视，从来都懒得看一眼书，而且很少参加外面举办的活动。在世界的各个角落，也都有不少像比尔与朱丽娅这样积极进取的人。为完成他们的既定目标，他们甚至觉得每天的时间都不够用。他们的这种首创精神来自何处？

成功的孩子们时常都得到了他们父母的"助推启动"，这正是他们起步时所需要的。

让孩子自己来做决定

在3岁那年，玛瑞蒂斯·威林汉姆便请求她的父母让她学习钢琴。到5岁时，她想加入橄榄球队。在初中阶段，她志愿参加了夏令营；在高中阶段，作为一名当地教堂的青年牧师，她帮助隶属于该教堂的人们革新生活。她的这项举动影响很大，并在后来上大学的时候因此而获得奖励。

如今，年方20的玛瑞蒂斯·威林汉姆就读于范德比尔特大学，她还在当地的一所中学兼作辅导员。"我的父母教会我和我的弟弟巴瑞特做出合理的决定。"玛瑞蒂斯·威林汉姆说，"他们相信我们的判断力，而且从不强迫我们按照他们的方式做事。"

詹妮是玛瑞蒂斯·威林汉姆的母亲，她相信让孩子们自己来做决定，有助于增强他们的自信。"在开始的时候，要他们自己所做的选择都比较简单，比如要穿哪件大衣，或者要吃哪种蔬菜。"詹妮说，"到了玛瑞蒂斯和巴瑞特上高中的时候，晚间是否外出的决定都由他们自己来做出。"

让孩子明白如何做出比较明智的选择，随后就应该相信他们的判断力。"开始放手让孩子们自己做决定的时候，我们的确也曾为他们提心吊胆过几次，但只要他们所做的事情是合法的，而且不危及人身安全，我们都尽量不去干预。"詹妮动情地说。

如果你想让你的孩子相信他们自己，而且敢作敢为，那么你必须首先向他们表示出你相信他们。

听孩子说，不代表要让孩子乱说

龙龙从小就爱看书，因此，他的知识面要比同龄人广一些，甚至一些大人聊的话题他也略知一二，所以，龙龙总觉得自己口才很好，凡事都能发表一通意见。在听别人说话时，他也很少有耐心听别人说完，总是不合时宜地乱插嘴。

这一天，爸爸的同事邓叔叔来了，一起聊起了股票的事情，他们聊得正投入，在旁边玩的龙龙突然跑了过来，说："股票啊，我知道，现在是熊市，现在进入不好！"

听了龙龙的话，两个大人不禁笑了起来，邓叔叔接着又和爸爸说起其他事情来，可没说两句，龙龙又插嘴了，爸爸不满地说："你好好听，等别人说完你再插话。"

可龙龙觉得自己口才这么好，光听可不行，所以不管邓叔叔和爸爸说什么，他总能插进话，弄得爸爸和邓叔叔该谈的事情都没谈好，邓叔叔有些不满地走了。

不光是在家里，在教室里，龙龙也爱显摆他的口才、乱插嘴。上课时，老师正在讲课，说："下面我们讲到的这一节是这一章的重点……"

这时，龙龙接嘴道："也是难点。"弄得老师很无语。

过了一会儿，老师点名让一个同学回答问题，那个同学说道："这道题是混合运算，先用乘法……"

龙龙接着说："再用加法。"

那位同学很不满地看了龙龙一眼说："你知道，你来回答啊。"说着生气地坐下了。

从这个故事可以看出，龙龙以为"能插上嘴"就是会说话、口才好，他不懂得倾听也是谈话中必不可少的一个环节。现实中确实有一些这样的孩子，喜欢通过插话显摆自己，觉得口才好就是要多说，根本不懂得倾听的好处。

孩子为什么总是不好好听人说话，而喜欢插嘴呢？原因是众多的，最主要的原因就是希望通过插话引起他人的关注，无论是欣赏还是反感，这种关注都满足了孩子的内心，所以插嘴的毛病就愈演愈烈。

特别是在家里，当父母专注于讨论某件事情时，孩子更喜欢打断父母的讲话，你越是不理他，让他别吵，他就越来劲儿。还有些孩子本身就有点儿"人来疯"，看见家里来了客人，更是异常兴奋，总想说点什么、做点什么引起大人的注意，所以故意在大人身边跑来跑去，时不时插上几句话。

有时候大人的谈话持续的时间比较长，长时间不理孩子，孩子在一旁就会有被忽略的感觉，这时，插嘴是他们表示不满的手段，孩子的意思是："说完了没有？都没人理我，当我是空气啊。"

也有的孩子听到别人说的话题，自己听说过或似懂非懂，就会产生"共鸣"，想讲一讲自己的"看法"，或者对讲话中的部分内容感到好奇，迫不及待地想解决心中的"疑问"，于是就会不合时宜地打断别人的谈话。

所以，孩子不会倾听，喜欢插嘴的原因很多，父母不可武断地斥责孩子："不准插嘴！"也不能放任不管，而是应该具体问题具体分析，弄清楚孩子插嘴的原因，对症下药。下面提供给父母和孩子几条改正"乱插嘴"坏习惯的建议：

（1）让孩子知道爱"插嘴"的孩子会被人贴上"不会说话"的标签

爱插嘴的孩子大多是喜欢说话的，并想有个好口才，但却因插话遭到了他人的反感。这时父母就要告诫他们：爱插嘴不仅没礼貌，而且会让别人觉得你不会说话。真正好口才的人知道什么时候该听、什么时候该说，而不是不分时候乱插嘴。当孩子知道插嘴会被别人贴上"不会说话"的标签后，自然就会管住自己的嘴了。

（2）给孩子适当的机会说话

孩子的耐性是有限的，在听大人说话时，如果长时间的只让他们听，不让他们发表意见，大部分的孩子都会用插嘴来表示不满，对于这样的情况，父母就要反省自己的行为：不能光我们说，不让孩子说话，他肯定觉得受冷落了。

大人可以在说话的间隙问一问孩子："你知道我们说的这个事吗？"给孩子适当的说话机会，孩子自然就没必要乱插大人的话了。

对于"人来疯"的孩子，父母的做法则完全相反：不要理他们，把他们晾在一边。当他们知道自己乱插嘴已经引起了别人强烈的不满，继续插嘴也没人理他们，自己的目的也达不到，自然就觉得没意思了。

（3）在合适的时机"插嘴"才是有好口才

在教育孩子的时候，凡事都没有绝对，插嘴也是如此，并不是说插嘴是有百害而无一利的事情，也不是说何时何地都不能插嘴。

孩子有时候插嘴，是刚好有话要说，比如听到别人的话感动了或者有共鸣了，就想发表想法，这是他们情感的自然流露，应该允许他们及时表达，就算是插嘴也无妨。

但要告诉他们：插嘴可以，但要在合适的时机。在别人说话停顿的时候再发表自己的意见；或者在打断别人讲话之前先说一声："对不起！我打断一下……"；当有客人在场时，如果孩子有话跟父母说，可以贴在大人的耳边悄悄地说。

这样，孩子就会给客人留下这样的印象：既有礼貌，口才又好！

注意警戒，那些孩子脱口而出的虚荣心

虚荣心是一种性格缺陷，是被扭曲了的自尊心。虚荣心，几乎每个人都有，它是人们用来掩饰自我的一层隔膜，看不见摸不着。相比之下，孩子则被人们认为是天真无邪的，无论什么事情，在他们眼中都是真善美的，虚荣心似乎和他们相去甚远。但越来越多的事实却表明，现在的孩子离天真无邪越来越远，很多孩子的虚荣心比起大人有过之而无不及。

适度的虚荣心是有利的，因为从某种意义上来讲，它代表着人们在成长的过程中自我意识的有所增强，希望展示出美好的一面，以得到别人的认可。因此，父母要以一颗宽大的心来体谅和理解孩子的这种表现。然而，当虚荣心超过了一定的限度，却对身心有着很大的危害。

虚荣心强的人，主要表现为：不能正确看待自身的不足之处，总是拿自己的长处去和别人的短处相比，从中得到满足；很容易看不起别人，对于别人的帮助总是拒绝，害怕别人超过自己，人际关系一塌糊涂等等。这些不良的因素也许并不能对年幼的孩子构成什么威胁，但一旦他们长大走入社会后，后果便会一步步地显示出来，影响到他的正常工作与学习。

家庭环境的落差造就孩子的虚荣心

刘丽今年上四年级，这一天放学回家后对妈妈说："妈妈，明天我们要开家长会，你记得一定要去。"说完，她又补充了一句："妈妈，你打扮得漂亮一点，穿贵一点的衣服。"

妈妈听了觉得很奇怪，就问道："开家长会和衣服漂不漂亮有什么关系呀？"刘丽说："要是你穿得普普通通的，人家还以为你是穷人呢？"妈妈又问道："穷人又怎么了？穷人就不好了吗？"

刘丽回答说："穷人都是穿得破破烂烂的，我的同学看见了会笑话我的。我以前可是跟他们说我们家很有钱的。"妈妈听了不知道该说什么才好，她想："孩子还这么小，虚荣心就这么强，长大了那还得了？"

刘丽的虚荣心其实是一种普遍存在的现象，很多孩子都有。如随着人们生活水平的提高，出门所用的工具也越来越高档。每到周末，学校的大门口就会停着许多辆接孩子回家的轿车，那些家里有车的孩子自然也会觉得自己高人一等，骄傲感油然而生。

相比之下，那些只能坐自行车或电动车的同学，不知不觉就会感到一阵失落，有意无意之间，攀比心理就已形成。再加上现在的孩子都早熟，所以才八九岁就开始比吃比穿，"他买了一件漂亮衣服，那我就得买一件更漂亮的，他有一个高档文具拿，我就必须要一个更加高档的"，这种攀比之风在孩子之间可是愈演愈烈。家长稍不留心，虚荣心就会在孩子的心里生根发芽了。

因此，那些家庭条件不太好的父母，更应该注意自己的孩子，细心地留意他们的一言一行，一举一动。注意平时多给孩子灌输一些"平常心"理论，告诉他们富有并不代表高贵，贫穷也并不意味着低贱，不要总是想着攀比等等。

父母首先需戒除自己的虚荣心

孩子是否具有虚荣心，和父母的教育息息相关。如有些父母本身虚荣心就非常强，孩子考试没有邻居家孩子考得好，于是家长觉得没面子，对孩子一阵严厉的训斥，甚至拳脚相加；孩子在客人面前表现得不好，家长觉得尴尬之极，于是对孩子进行一番炮轰，把他们说的体无完肤；孩子没能考上大学，家长又总以为颜面无光，于是对孩子冷眼相待……

还有些家长经常带着自己的孩子出入高级场所，参加一些类似成人社交的活动，以显示自己的高贵。在孩子刚出生时，他们就大张旗鼓地为孩子张罗"满月酒宴"，接下来又是"双满月"、"周岁"等。总之，自己的孩子决不能让别人的孩子比下去。

可以说，在孩子的记忆里，他总是过着一种众星捧月般的生活，不断感受着一种至圣至尊的生活经历，随着他们的成长，就会在家长无意识的纵容下习惯成自然。慢慢地，这种习惯就会被虚荣心所代替，欲望无限地膨胀。

还有些家长，明明家庭条件不宽绰，却怕孩子受委屈，不惜花费"巨资"为孩子撑脸面。试想，如果一个孩子长期生活在这样的家庭环境下，那么他的虚荣心又怎么会不被激发出来呢？结果往往是善良的愿望怂恿了孩子，甚至引出一系列罪案。因此，可以说，家长的虚荣，便是对孩子的不负责任。

对孩子的评价要客观

有些父母太爱表现，在亲朋好友面前总是夸奖自己的孩子，只讲优点不谈缺点。在孩子看来，父母眼中的自己几乎是完美的，不知不觉中他们便会飘飘然起来，再加上孩子自我评价的能力还较差，慢慢地，孩子就会认定自己是十全十美的，当然也就无法容忍别人有比自己优越的地方。

因此，父母应该客观地评价自己的孩子，不应该过分夸大优点，也不要掩盖缺点，让孩子对自己有一个正确的认识。

为孩子灌输正确的理念

平时父母应该多给孩子讲道理，告诉孩子：吃得好穿得好并不意味着地位就高，只有依靠自己的努力取得成功，才能真正地获得他人的尊敬。买东西时应该根据自己的需要，而不能盲目地和同学攀比，如果孩子还是不能接受，父母不妨把家中的收入与支出列出一个清单，让孩子仔细地看，他很可能会受到一定的冲击。

一个具有虚荣心的人，总是只看眼前利益，斤斤计较名利得失，而不知道放长线钓大鱼。且往往不想付出实实在在的努力就想取得成功，他的手段是通过贬损别人、打压别人的方式。

就像跑步一样，虚荣心的人并不去考虑采用哪种正当手段才能战胜对方，而总是企图通过一些不可告人的方式让对手因为这样或那样的原因输掉比赛。

当然，人不可能一点虚荣心都没有，但是如果超过了正常的度，就会后患无穷了。因此，平时父母一定要留心孩子的一举一动，如果他的虚荣心在不经意间表现了出来，则应该立即采取相应的对策对他们进行教育和开导。家长应该明白，如何把"虚"变"实"才是最重要的，也是最关键的。

给予孩子大声说话的勇气

美国教育专家认为，在孩子的出生阶段，在婴儿的幼年时期，面对着大千世界，他们常常感到束手无策。但是，仍然有勇气进行各种尝试，要学习各种方法，以使自己适应，使自己能够融入这个世界中。

但是往往在这个时候，作为成年人，我们常常不是帮助他们来尝试融入这个新世界，来学习他们不懂的东西。而是给他们设置了许多障碍，因为我们怀疑他们的能力。因为在我们的偏见中，我们认为只有在某一个年龄阶段才能做某一种事情。

比如一个两岁的孩子，如果帮助我们收拾桌子，当他手中拿到一个盘子的时候，妈妈会很快地说："不要动它，你会打碎它的。"这样你可以保存好那个盘子，但是你的举动在他的信心上投下了阴影，而且推迟了他的某种能力的发展，或许你阻止了一个小天才的产生。

大人们常常不经心地向孩子们展示自己多么有能力、有魄力、有气力。我们的每一句话像："你怎么把房间搞得这么乱？""你怎么把衣服穿反了？"

这类话都会向孩子们显示他们是多么的无能，是多么的缺乏经验。我们这么做就会使他们慢慢地失去了信心，失去了自己努力去探索、去追求、去锻炼自己的自觉性，忘记只有通过各种锻炼和闯荡才能使自己成为一个有用的人。

作为家长，我们常常有一种先入为主的概念，认为孩子到了某种年龄，才能做某种事情，否则的话，他就是太小，太缺乏能力，不能做这类事情。但是往往孩子在那个时刻是可以做得很好的，我们却人为地推迟了他们学会本领的时间。

并且，最关键的是我们经常对孩子指责、抱怨，要知道这恰恰是使孩子失去自信心、进取心的做法，只不过我们没有及早发现罢了。

而自信对一个人一生的发展所起的作用，无论在智力还是体力上或是处世能力上，都有着基石性的作用的。

自信心对一个人一生的发展所起的作用，无论在智力上还是体力上，或是处世能力上，都有着基石性的支持作用。一个缺乏自信心的人，便缺乏在各种能力发展上的主动积极性，而主动积极性对刺激人的各项感官与功能及其综合能力的发挥起着决定性的作用。

信心就像人的能力催化剂，将人的一切潜能都调动起来，将各部分的功能推动到最佳状态。而高水平的发挥在不断反复的基础上，巩固成为人的本性的一部分，将人的功能提高到一个新的水准。

一个人的成长路线如果是沿着这样的积极上升式行进，可以想象，其积累效果是十分可观的。在许多伟人身上，我们都可以看到这种超凡的自信心，正是在这种自信心的驱动下，他们敢于对自己提出高要求，并在失败中看到成功的希望，鼓励自己不断努力，获得最终的成功。

在人才辈出的国家里，在那些伟人、名人身上我们同样可以找到自信的催化作用，而且在我们周围的优秀人才身上，也不断放射出自信的光彩。

如何去鼓励孩子的自信心

我们所应当注重的是，当孩子犯错误，或试做一件事情没有成功的时候，我们应该避免用语言、用行动向他们来证明他们的失败。我们应该把事情和做事的人分开，在我们的脑子里，我们必须清楚，做一件事情失败了只是说明这个孩子缺乏技巧，这种技巧有时是因为父母没有很认真地传授，而丝毫不该影响孩子本身的价值。

我们应该培养孩子敢于犯错误，敢于失败，同时并不降低他自己的自尊心和自信力。孩子和成人一样有勇气去犯错误，去纠正和改正错误。敢于犯错误和改正错误是同样珍贵的。对于家长来讲，我们自己就不能泄气或失去信心。

要想鼓励孩子最重要的两条是：第一，不要讽刺他们，使他们受到不同程度的打击；第二，不要过分赞扬他们，以免产生骄傲情绪。同时我们还要知道，如何去鼓励孩子的自信心。

学会适时鼓励孩子并不是一件容易的事情，每一个做家长的都要仔细地研究与思考，如何去鼓励孩子，养成经常反思的习惯。孩子的自信程度是表现在他的行为中的，如果孩子缺乏对自己能力的自信，对自己价值的信任，那么他所表现出来的就是缺乏效率，缺乏积极主动性，他不会通过积极参与和贡献，来寻找自己的归属感。

没有自信的孩子会很轻易地放弃任何努力，表现出自己是无用的，而且有时还故意做出逆其道而行之的事情，这样做的原因是他认为自己是无能的，不能做出任何有意义的贡献，是没有价值的，那么还不如做些恼人的具体事情起码能得到别人的注意。

家长主观而不问青红皂白随意训斥或打骂孩子，是最容易挫伤孩子自尊心和自信心的。鼓励是一个不断进行的过程，这一过程的主要目的就是能让孩子得到一种自我满足，即自尊感和成功感。

英国教育专家认为，要发现鼓励自己孩子的最有效的方法，最重要的一点是深入地了解自己的孩子，透彻地了解自己的孩子。每一个孩子都有不同的特点，这就决定了我们的方法也是不同的，这就需要我们的家长花时间去找到这种不同处。

从根本上鼓励孩子的自信心，应帮助他们发现自己对周围的环境以及整个大局势能够做出多少贡献，由此找出自己的位置和重要性。

我们讲述这些道理，就是想让所有关心下一代的人们有意帮助孩子，使他们懂得他们是整个社会集体的一分子，他们所做的一切都与整个社会息息相关。他们可以做出贡献，可以与别人合作，可以参与，可以帮助他人变得更好。

鼓励的重点侧重于使孩子认识到自己是集体的一部分，是队伍的一部分，是家庭的一部分；而赞扬更侧重于个人，个体本身。用鼓励的方法，我们可以教育孩子人生的真正乐趣在于使我们周围感觉到我们的存在，由于我们的存在而变得更好，更强壮；鼓励使孩子认识到，他们无须变成一个完美无缺的孩子，只要他们肯于尝试，他们就会感觉到无穷的乐趣，这样才能塑造完整无缺的自我意识。

在美国公众教育中，有一个日益壮大的趋势就是要建立各种各样的课程与活动，帮助学生建立自信心，大多数教师都同意帮助学生建立自信、自尊是最重要的教学育人的一个方面。

无论大人还是小孩在失败的时候，常常会对自己说："你看，这下可彻底摔了一个大跟头。"或者说："你看，你做不了这件事吧！" 或者是"你真是笨蛋，怪不得没有人喜欢你。"

而在我们用鼓励法教育成长起来的孩子们却应该学会接受失败和错误，成为做人的一部分。他们应该习惯地对自己说："这次我失败了，但我还有另外的机会。我知道我是可以成功的，下次我一定要努力。每一个人都会犯错误的，我的朋友懂得那些，他们仍会喜欢我的。"有这种自信心的支持，我们的孩子才能做到百折不挠，自强不息。

美国家教专家认为，从早期到婴儿时期，我们就应该鼓励儿童，帮助他们确立一种信念，只有通过成就，通过努力才能找到在家庭、社会中的地位。

7个月的芭芭拉是家里最小的孩子，每一次妈妈把她放在游戏床里面，让她自己玩，她就会发很大脾气，在游戏床里面拼命地踢，拼命地叫，有时脸都会叫得发紫。芭芭拉为什么会有这么大的脾气呢？

如果妈妈不在房间里，那4个大一点的孩子中的一个就会来哄芭芭拉玩，不到困得不行的时候，芭芭拉不会被放到床上去睡觉，而每次她稍微有一点动静或刚刚醒来，妈妈就会守在她身旁。芭芭拉每次看到妈妈在身旁，都会非常地高兴，似乎更有安全感。

妈妈认为芭芭拉是一个非常幸福的孩子，唯一的缺点是不能独自玩耍。但是从心理学家的角度来看，芭芭拉却是个缺乏他人鼓励的孩子。因为她认为只有当有人在哄她的时候，自己才会有地位，否则的话她就没有地位。她不知道当没有人来照顾她，来哄她的时候，她如何能够找到自己的归属感。

你先停一下，让孩子说出"我想要"

孩子在发展的过程中，总是在走由我们父母所铺设好的道路，而身为人父、人母的我们却从不倾听孩子的心声，从不问孩子到底需要什么，即使磨灭了孩子的天性也心安理得。其实，在我们抚育孩子的过程中应当有意识地为他的个性发展留出空间，帮助他发掘自己的"真我"。

自古以来，我们的教育强调要"独善其身"，完善个体，也就是按一定的社会准则与目标去修炼自己，成为社会所需要的人。这种教育的结果是培养出一代又一代社会的螺丝钉，自然有助于国家的团结与安宁，但同时却灭杀了许多有生机与创造性的个体，窒息了很有创意的思考和尝试的勇气。

到目前为止，我们中的许多人都意识到了培养个性与独创性的重要，因为我们的社会已经富裕到一定程度，可以为社会成员追求有个性的生活目标提供条件，但由于我们都是从传统教育体系中成长起来的人，在思维和实践中都不知不觉地遵循以往的传统，进而限制了孩子个性的发展。

在学校里，孩子们背诵着数学概念，什么是分数，什么是加法、减法，学古文时背诵老师的标准注释，谈到考试要求时明确指出最好按老师的注释一字不差地去答，否则可能丢分，学生从小懂得按书本去记，遵从老师的理解，按最保险的方式回答考卷，在行为上更有一整套规范要遵守。

那么到了家里呢？我们会询问老师是怎样要求，列举其他优秀孩子是如何行事，批评孩子的行为有违社会标准，于是孩子被紧紧地纳入条条框框之中，成为极端的社会人。这样有什么不好呢？这样做我们丢失了"真我"。

很多人认为当我们完成了社会化过程，需要唤醒富有个性的创造力时，需要唤醒"真我"的朴素情感时，需要找到自己独特的人生目标时，就会感到彷徨，毫无目标。

托尼是从中国到美国的留学生，他出自名校，到了美国后又进了美国排名前列的大学读法律学位，在校期间到一些很有名的律师事务所实习，到毕业时被一家很有名的大律师事务所雇佣，第二年通过了全美律师资格考试。

在日常生活中，托尼将时间都花费在有用的事情上，与大学同学联谊，以建立对事业有用的社会关系网络；跑马拉松，强壮身体；喝低脂奶，不饮酒，保持身体健康；打网球，以具备适当的社交手段；广泛读书，扩大自己的视野……

无疑，他是一个优秀人物，对生活充满理想，对自己严格自律，应当是一个充满自信与成功的自豪的幸福人物。

但事实却非如此。尽管他不断地对自己和他人讲："我很快乐，很享受自己正在做的事情。"

但这是一个骚动不安的灵魂，当他看到做房屋买卖中介的小姐开着"宝马"来回跑，会觉得心理不平衡，"怎么她比我还神气！"看到同学在热火朝天搞网络，亿万富翁的梦似乎很快要实现，他又不安于本职，跃跃欲试，准备跳槽淘金；当网络梦破灭后，他觉得自己的工作太枯燥，发达的日子似乎还很遥远，于是又准备考MBA，加强自己的机会。

他不断说人要有目标，后来又提出了10年内挣出1亿美金的计划。

人是要有目标，在名利上有追求也是很自然的事情，但如果这种目标都是他人的社会的目标，缺乏独特的感受，本性就会遗失，被无止境的追求搞得焦灼，而得不到真正成功喜悦，更体会不到发自内心的朴素的情感享受。

当我们出生时，我们是宇宙的一部分、无意识也没有自我。我们这些做家长的都是在生活上有一些阅历的人了，或许对此会有所体验。到了两岁左右，我们开始区分我与非我，这时我们同曾经属于那个世界区分开来，自我开始形成，我们对自己有了意识。

随着逐渐成长，我们越来越多地认识到自我，具备了个性的框架，但却与原来的自然的我相离渐远。"我"的概念更多地反映着社会规范对我们的要求，为了适应这个社会，我应当如何成为"我"。

事实上，我们每一个人都越来越多地同他人融合起来，根据社会规范的要求、性别需要、家庭结构和信仰来束缚塑造本性。不久我们开始相信自己就是我们对这个社会所表现出的"我",并无特别之处,也没有任何迹象显示出"这是我,不是你,也不是他"。

可以说童年和青年时代,是我们学习做一个社会人的时代,但我们内心深处的"真我",那个保持了出生时期的原本天性的"我",并没有灭亡,"他"在潜层下酝酿、膨胀,到了中年期,我们开始感觉到这个真我的存在,感受到"他"的膨胀力。

在这种膨胀力的"压迫"下,我们开始了一个痛苦的回归过程,因为首先我们要一层层地剥开在过去的几十年中,社会像塑造石膏像一样贴在我们心灵个性上的"石膏",只有摆脱它们,我们才能看到那重重掩盖之中的深处的真我。

一个找不到"真我"的人是不会真正幸福的,而一个完全丧失了个性的人也不会为这个社会提供独特的贡献。

在我们抚育孩子的过程中应当有意识地为他的个性发展留出空间,帮助他发掘自己的"真我",懂得自己的爱好,做到任何力所能及的事情,成为自己能够成为的人,个性的形成其实是一个求差的过程,一个将个人心理及大众心理区分开的过程。

鼓励孩子成为勇敢乐观的人

鼓励孩子成为勇敢、乐观的人是我们做家长的愿望。但在实施时,应考虑到孩子的年龄与特点,不能硬性督促,使孩子一方面为自己的"胆小"、恐惧感到羞愧,一方面又经历着更深刻的惊慌,因为他不再敢向父母吐露自己的感受,得不到应有的庇护。这样做对孩子是一种摧残。

> 妈妈在吉米很小时，就将他放在滑梯上、秋千中，让他享受下滑的快乐，上下摇动的惊险。那时吉米很开心，不时地叫"还要！还要！"吉米从一能行走就开始向门外冲，拦都拦不住，表现得十分勇敢。

> 现在吉米3岁了，忽然变得很畏缩、胆怯起来。在滑梯上踌躇不前，要妈妈不断地鼓励、催促才肯滑下来；到陌生的地方去也很不情愿，口里不断会冒出 "我怕！""有什么好怕的呢？你以前不是这样玩得很好吗？这有什么好怕的。过去你不是这样胆小的呀？"

孩子是变得胆小了吗？为什么他忽然会怕起来？孩子的确变得胆小了，因为他开始懂得害怕。3岁的孩子已经会为自己做很多事了，在学习做事的过程中，他更深入地接触到事物，对外界也有了更宽广的视野。

在自己的能力与视野增强的同时，他们也开始懂得有许多事情是自己所不能控制的，许多事情的后果是可怕的。于是在这一阶段，恐惧在慢慢增长，原来毫无顾忌地伸手去做的事，现在却恐于去做，原来视为新奇、有趣的事，现在却罩上了可怕的阴影。人们会对许多事物感到恐惧：动物、电影的某些镜头、声音、有缺陷的人体等。

孩子在这一阶段的恐惧是根深蒂固的，尽管表现会有所不同。有些孩子坦白地表露出这种恐惧，处处必言"害怕"，全面退缩；有些孩子却恰好相反，一种异乎寻常的强悍，无所畏惧。下面的例子生动地反映了这一表现的特性：

　　4岁的杰克随母亲到动物园去玩，走到蛇类馆时，看见一条大蟒盘在玻璃笼中，杰克顿时大叫起来："我要狠狠地踢你的屁股，看谁凶！"一边高叫着，一边上上下下地跳着，表现得十分激烈。

　　妈妈奇怪地盯着杰克，问道："你不是害怕这条蛇吧？它没什么可怕的，你没看见它在笼子里。"但杰克仍无休无止地大叫大喊，妈妈牵他走也不肯。

　　这时，另一位陌生的阿姨对杰克说："这真是条大蛇，比我都大得多呢，看起来真可怕。是不是？"杰克安静下来，低声说："我很怕这条蛇。" "是的，许多人怕蛇，我就不大喜欢它们。幸亏它们都被关在笼子里，不然可真危险呢，是吗？"

　　杰克舒了一口气，点点头，表示同意，然后随妈妈安静地向另一个展室走去。在下面的观游中，杰克不再大吵大叫了。

这个故事说明了什么呢？杰克先前的喊叫是为了掩饰自己的恐惧，他大概认为表现出恐惧是丢人的事，但大蟒的确令他惊慌不安。于是他采取相反的行为来发泄自己的恐惧心情，用激烈的行为与内心的恐惧争斗。

而妈妈说没有什么可怕的，这使得杰克更不愿暴露自己的真实感受，于是继续喊叫。当听到另一位阿姨说出了杰克想说而没有说的话时，杰克找到了自己感觉的认同：既然那位阿姨都怕这条蛇，我的害怕就没有什么可笑了，问题一旦摆在了桌面上，也就没有那么可怕了。

孩子们需要我们帮助他们克服恐惧，但帮助的方式不是对他们讲"这没有什么可怕的"。而是表示对他们的感受的理解。有些孩子表现出更多的恐惧，这常常使父母不安，觉得自己的孩子是否有什么弱点。孩子们从父母的话语中意识到他们的这种担忧，这使孩子更为紧张，他们需要时间和理解来度过这一"恐惧"阶段。

杰西卡小时可以很从容地跟着妈妈上下阶梯式电梯，毫无畏惧，那时妈妈很为儿子骄傲，认为他是一个勇敢的孩子。可是到了3岁，杰西卡忽然害怕起来，要妈妈抱着他上下电梯。

"那是为什么，你可以自己走吗？"

"不，我不敢。"

"就这样迈步。"妈妈开始带着杰西卡上上下下地练，希望这样能帮助他。不料几次之后，杰西卡干脆不肯坐电梯了，宁肯自己爬楼梯。妈妈只好放弃，不懂儿子为什么会这样胆小。不过妈妈没有再催促杰西卡，只是顺其自然。

有一天，妈妈忽然发现杰西卡发明了一个很怪的乘电梯的姿势：一只脚踏上电梯，另一只脚高高翘起，像是在跳芭蕾舞。

"你在干什么？"

"这样我就不害怕了。"

"这又是为什么？"

"没什么。"

妈妈想不出这样做为什么就安全，不过儿子既然这样认为，也就随他去了。这种舞蹈姿势持续了一段时间后，儿子慢慢地脚复原位，又开始坦然地上下阶梯式电梯了。这一次他是很自信了。

孩子们的这种恐惧心理随着对环境的进一步认识和自理能力的不断增长，会逐渐减弱，而自信心则不断地增强。我们应当给他们更多的理解和时间，而不是用不满的眼光盯着他们，甚至说孩子胆小，使他们在自我意识中增添对自己的蔑视。

孩子对恐惧的认识和克服所经历的时间是因人而异的，这与天性无关。有些人生来谨慎，不敢冒风险，所以克服恐惧的时间就要长一些，他会很细心地去探索，一点一点排除危险，直到很有把握了，才坦然地跨出这一步，就如上例中的杰西卡。他是不是一个胆小的孩子呢？正确地说，他是一个谨慎的孩子。

第四章

父母是孩子人生路上最好的老师

可怜天下父母心，即使是思想新潮的父母，在内心深处也会埋藏着"望子成龙""望女成凤"的念头。而孩子的成功路上，最少不了的便是父母的言传身教。不用怀疑，父母永远是孩子人生路上最好的老师。本章便通过六个方面的内容，来使您这个"老师"更加称职。

孩子的言行是父母的镜子

日本早期教育家井深大曾说："父母的言行是子女最好的教材，一流的父母造就一流的孩子；要让孩子进'一流'幼儿园和'一流'学校，但更重要的是得让孩子在'一流'家庭里接受熏陶。"这句话阐述了在孩子的早期教育中，榜样的教育胜于言语的督促。遗憾的是，许多父母都很难做到这一点。

曾经在报纸上看到过这样一则消息：

1997年1月8日早晨，正值上班的高峰期间，美国迈阿密市的一辆运钞车不慎从立交桥上翻落，顿时，从车厢里飞出许多美元。路上的行人、居民、乘客见到满天飞舞的钞票纷纷挤上前去，争抢钞票。

不一会儿，55万美元都被抢光了。

第二天，为了追回银行的损失。警方宣布一道特别令，要求捡钱的人将所拾钱钞如数归还，否则将以偷窃论处。

结果，只有两人去警察局交还捡到的钞票。其中一位是有6个孩子的母亲，她拿出捡到的一把硬币，共计19.38美元。当人们问她为什么要交出钱的时候. 她说："我有孩子。我要为他们树立一个好榜样！"而这位母亲只是一个普通的售货员，每小时的工资仅5美元。

身教重于言教，这是教育的第一原则。苏联教育家苏霍姆林斯基说："父母自身的行为对孩子有重大的影响。不要以为只有你们同孩子谈话和教导孩子、吩咐孩子的时候，才是在教育孩子。在你们生活的每一瞬间，甚至当你们不在家的时候，都是在教育孩子。你们怎样穿衣，怎样跟别人说话，怎样表示欢欣和不快，怎样对待朋友和仇敌，怎样笑，怎样读报……所有这一切，对孩子都有很大的教育意义。"

年幼孩子的心灵是敞开的，他总会情不自禁地模仿所看到的、所听到的一切。对他来说，一切东西都是他的榜样—行为方式、体态姿势、言语、习惯和品格等。

当我们把脏东西放入垃圾箱里，孩子也会这样做；当我们随处乱丢垃圾，孩子也会乱丢杂物。父母的一举一动，孩子都看在眼里记在心上。不论我们说多少，往往不如我们亲自做一件事对孩子更有说服力。

余秋雨说过一件事，在欧洲，即使没有车，也无人闯红灯。他曾问过一位老人何以如此，那位老人说："我不能保证，在对面的窗户里没有孩子的眼睛。"正是这种高度的榜样意识，使欧洲成为一个礼仪之邦。

那么，父母应该怎样用自己的言行教育孩子呢？

（1）注意自己的日常言行

没有哪一位中国父母可以说自己在教育孩子的过程中没有说过"你真笨！""你简直是个废物！""闭上你的嘴，我说不行就不行！"等等，有的甚至成了家长的口头语。

究其原因，不尊重孩子，自制力差，不能控制自己情绪和行为是这些父母的致命弱点。显而易见，这样的父母对孩子造成的影响是很严重的。

苏霍姆林斯基认为，父母的言行教育体现在生活的每一瞬间，父母不仅仅要注重谈话、教导时以身作则，更要注重平常的言行，潜移默化地用自己的良好言行熏陶孩子。

在影片《美丽的大脚》结束时有这样一个情景：一个孩子对病床上奄奄一息的老师说："我奶奶不会死……因为我妈说我奶奶是老不死的。"

妈妈的一句话，在孩子的心里深深地扎了根，这是非常让人痛心的。朱庆澜先生说："要禁止儿女不要做哪件事，总要自己先不去做；要教儿女做哪样事，总要自己先去做。"

朱庆澜先生还打了个比方，比如教儿女不要吸烟，父亲就不能吸烟，如果父亲吸了烟，不但叫孩子疑心，还从此不信任父母的话，看不起父母，甚至做出不服父母，不孝父母的事。

马克思说过："你可以用各种行之有效的方法去影响孩子，可最好的方式还是你的行动。"因此，父母与孩子在一起的时候，一定要注意自己的言行，教育孩子做到的事情，自己首先要做到；教育孩子不能做的事情，自己首先不能做。

（2）努力给孩子树立良好的榜样

丰一吟在《回忆我的父亲丰子恺》中这样写道："失去父亲后，我好比失去了一棵庇护自己的大树，从此自己必须另栽树苗。于是，与外界打交道的机会越来越多了。只有这时候，我才体会到父亲对我潜移默化的影响，才认识到父亲的许多优点，才理解到我们从他身上受了哪些教育。"

在父亲的言传身教中，给丰一吟留下印象最深的是勤奋，而勤奋正是来源于不断坚持的意志力。

国内许多人也曾在丰子恺生前向他求画，丰子恺是逢信必回，有求必应。不管谁请他做事，他总是提前完成，从不耽误约期。即使是陌生人求画，丰先生也是尽力在一个星期内赠画。他一生淡泊名利，就是喜欢画画。丰先生喜欢喝点绍兴黄酒，每次喝点酒，画起画来一气呵成。

丰先生睡觉有打鼾的习惯，中午休息时，只要鼾声一停，他就马上起床。

一次，丰一吟特意问他："爸爸为什么不多躺一会，休息好了再起来？"丰先生说："该睡觉就睡觉，清醒了就要起来做事。睁着眼躺在床上不是白白浪费时间吗？"

父亲的言行举止都会给孩子留下深远的影响，丰先生的许多方面都给一吟留下深刻的影响。丰先生不但要求孩子们做事认认真真，而且对自己要求更是严格。他写的稿子，字迹端正清晰，从不敷衍了事。他从来不让孩子随便乱放东西，东西用完，回归原位。因此，在他的房间，样样东西都一直放在原来的位置，找起来很容易。后来，丰一吟也体会到父亲这一方法的好处，并渐渐养成习惯。

想要孩子养成良好的习惯，父母首先要给孩子树立良好的榜样。榜样是最好的沟通方式，孩子潜移默化地看到父母的行为，也会不自觉地养成良好的习惯。

全国家长的模范曲宝琴说："孩子从来都是敏感而柔嫩的，他的成长，需要的不仅是物质上的丰富，更需要父母对生活的诚意和对孩子的用心。"的确如曲宝琴所言，作为孩子的带队人和第一位老师，自律、乐观、用心成为父母的基本素质。作为孩子的父母，一定要做一个时时留意、处处挂记的有心人，并把用心贯穿在养育儿女的每一个细节里。

曲宝琴的三个孩子读小学的时候，因为早上6点就要起床上学，曲宝琴就要求她们晚上8点必须睡觉，电视也只能看晚上6点半的动画片，待到周末可延长到9点。

当时，她们家只有一间屋子，孩子们睡觉，她们就得跟着熄灯。她们睡不着，常常是爸爸把没有耳机的收音机开到最小的音量，放在枕边听小说；妈妈则睁着眼睛看着窗外，一边回想当天的事，一边计划第二天的安排。

后来，孩子上了中学，作业虽然多，曲宝琴也规定她们最晚不能超过10点半睡觉。多年来，全家一直遵守这个规则，从没有开着电视熬夜的习惯。

（3）善于运用周围人的榜样教育孩子

孩子都有崇拜优秀人物的心理，他们总是喜欢拿自己与优秀的人相比，希望自己能够像优秀的人一样。可见，每个孩子天生喜欢向自己喜欢的榜样学习。父母可以抓住孩子的这种崇拜心理，帮孩子选择一个优秀的榜样，由此让孩子树立远大的志向。

物理学家赫兹的母亲在赫兹很小的时候就把他送到了叔父那里学习。赫兹的叔父是19世纪有名的电磁学家。叔父在繁忙的研究工作之外，总是每天抽半个小时对赫兹进行教育。赫兹从小就把叔父当成了自己心中的榜样。

在赫兹8岁那年，不幸的事情发生了。年仅37岁的叔父英年早逝了！

出殡那天，许多著名的学者和科学家不远千里前来吊唁，甚至国王和王后也来了。母亲拉着赫兹的手，指着长长的送殡队伍对赫兹说："你叔叔献身科学事业，受到了全世界人们的无限敬仰，你一定要向你的叔父学习呀！"

母亲的话深深地铭记在了赫兹的心中。后来，赫兹拜读了叔父遗留下来的全部书籍和日记。每当赫兹遇到了挫折和困难，他总是用叔父的日记来鼓励自己。后来，赫兹真的成功了！

（4）善于借用事物作为孩子的榜样

细心的父母会发现，生活中有许多事物可以用来激励孩子。比如，我们往往对孩子说，希望你像马儿那样跑得快；像大海那样拥有广阔的胸怀；等等，这些实际上都是在运用事物给孩子提供榜样，让孩子明白应该向怎样的方向去努力。如果父母简单地说："一定要不断上进！做人要大度！"这在孩子听来就会成为让人讨厌的大道理。

我国气象学家和地理学家竺可桢小时候很喜欢动脑筋。他的家乡在浙江绍兴，那是一个经常下雨的地方。有时候一下就是好几天，每当这个时候，竺可桢就趴在窗前或蹲在屋门口看下雨。

有一次，他在看下雨的时候，突然发现门口的石板上有一排小坑，整整齐齐的，每当雨点滴下来的时候，不偏不倚地落在小坑里。他觉得很奇怪，这石板上的小坑是怎么来的呢？

竺可桢的母亲顾氏是一个知书达理的女性，她耐心地向儿子解释道："你问得好，这就叫'水滴石穿'，那一个个小坑就是被雨水滴成的，你别看一滴水没有什么厉害的，可日久天长就能把石板滴出一个小坑来。"接着，母亲循循善诱道："孩子，读书、办事情，也是这个道理，只要持之以恒，坚持下去就会有所成就的。"

从此，竺可桢不管做什么事情都非常有恒心，终于成为一个伟大的人。

只要父母善于学习，多积累一些各种事物的知识，在教育孩子的过程中，善于把孩子的特点与事物结合起来，运用借喻、比拟等方式来鼓励孩子，这比只讲枯燥的大道理要有效得多！

循循善诱，做好孩子的第一任老师

教育好自己的孩子，是每位做父母的最关心的事，也是最难的事；每个父母都希望自己的孩子健康成长、成才，成为时代的佼佼者。那么，如何让你的孩子成为时代的佼佼者？关键在于做父母的如何教育了。

古人说得好："子不教，父之过；女不教，母之过。"现在大家都提倡幼教，因为幼教是非常重要的。老人说："3岁看小，7岁看老。"不是没有道理，每个人做事都喜欢按自己的习惯去做，否则他会感觉不舒服，那么孩子也一样，他养成了7年的习惯就很难改变，7岁以后孩子有了自己模糊的主见，到长大了我们就更不好纠正。

所以，我们从孩子很小的时候就要给他养成一个良好的生活习惯。孩子的辨别是非能力非常差，做父母的就要不断地引导他，教育他，我们要教他穿衣，吃饭，走路，睡觉。还要教他做人，教他为人处世，教他说话，教他礼貌，教他走好每一步，教他先学会做人，然后，才能学会做事。

只有先做个好人，才能做好事。从孩子出生的那天起，妈妈的眼睛就没有离开过自己的孩子，教他一言一行。总之，教育好孩子要从点点滴滴做起。每个人的性格和生活习惯有遗传的基因，但最重要的是他小时候的生活环境所造就的。

推动摇篮的手，就是推动世界的手。父母是孩子的第一任教师，你可以教他说第一句谎言，也可以教他做一个诚实的永远努力争第一的人。美国一位著名心理学家为了研究父母对人一生的影响，在全美选出50位成功人士，他们都在各自的行业中获得了卓越的成就，同时又选出50位有犯罪记录的人，分别去信给他们，请他们谈谈父母对他们的影响。

有两封回信给他印象最深。一封来自白宫一位著名人士，一封来自监狱一位服刑的犯人。他们谈的都是同一件事：小时候母亲给他们分苹果。

那位来自监狱的犯人在信中这样写道：

小时候，有一天妈妈拿来几个苹果，红红绿绿，大小各不同。我一眼就看见中间的一个又红又大，十分喜欢，非常想要。这时，妈妈把苹果放在桌上，问我和弟弟：你们想要哪个？我刚想说要最大最红的一个，这时弟弟抢先说出我想说的话。妈妈听了，瞪了他一眼，责备他说：好孩子要学会把好东西让给别人，不能总想着自己。

于是，我灵机一动，改口说："妈妈，我想要那个最小的，把大的留给弟弟吧。"

妈妈听了，非常高兴，在我的脸上亲了一下，并把那个又红又大的苹果奖励给我。我得到了我想要的东西，从此，我学会了说谎。以后，我又学会了打架、偷、抢，为了得到想要的东西，我不择手段。直到现在，我被送进监狱。

那位来自白宫的著名人士是这样写的：

小时候，有一天妈妈拿来几个苹果，红红绿绿，大小各不同。我和弟弟们都争着要大的，妈妈把那个最大最红的苹果举在手中，对我们说："这个苹果最大最红最好吃，谁都想要得到它。很好，现在，让我们来做个比赛，我把门前的草坪分成三块，你们三个人一人一块，负责修剪好，谁干得最快最好，谁就有权得到它！"

我们三个比赛除草，结果，我赢了那个最大的苹果。

我非常感谢母亲，她让我明白一个最简单也最重要的道理：要想得到最好的，就必须努力争第一。她一直都是这样教育我们，也是这样做的。在我们家里，你想要什么好东西要通过比赛来赢得，这很公平，你想要什么、想要多少，就必须为此付出多少努力和代价！

另外，我们要教会孩子传统的做人道理，传统的东西是我们中国的文化，是绝不能丢的。我们教育孩子也不能拿钱做衡量的标准，不能你给他的钱多，就是爱他的方式。钱是万能的，但钱是买不来亲情的。多花点时间和精力在你的孩子身上，你会有回报的。

一个笑话中写道：

一对夫妇的母亲年老，生活不能自理，夫妇觉得母亲太拖累了，就想方设法把母亲抛弃。一天，夫妇二人拿着一个箩筐和扁担把母亲抬到深山中抛弃，没有想到调皮的儿子也跟在后面看热闹。

当夫妇二人把母亲抛弃后，回头看到儿子，不知所措。

儿子问：爸、妈你们怎么把箩筐和扁担丢了？夫妇二人回答道：这又不值几个钱，拿回去还有什么用？儿子便说：要拿回去，当你们老了没有用了，我好拿来抬你们呀。

这只是一个小故事，但可以看到父母的所作所为，在孩子身上所起到的作用。在孩子独立行走之前，孩子有大半的时间是同家长一起生活的，父母是子女天然的、不可选择、不可任意更换的第一任教师。家长的言传身教、一言一行，对孩子有耳濡目染的熏陶作用，潜移默化的影响是家庭德育的基本方式，它比学校德育、社会德育要强烈、深刻得多。孩子的发展，父母是责无旁贷的。

父母要想让还在从小养成良好的习惯，可以从以下几个方面对孩子进行家庭教育：

（1）应努力形成良好的家风

父母在家里要努力形成诸如追求理想、积极向上、团结和睦、民主平等、勤奋好学、勤劳节俭、爱好健美、讲究卫生等良好作风。良好的家风能使家庭德育发挥更大效能。和种瓜得瓜种豆得豆一样，家长的一言一行直接影响孩子的身心健康发展。虽然有一些片面，但也反映出家长作风的重要性。

（2）教育孩子应严爱结合，要求统一

严格不是简单的限制、命令，更不是严厉、专制、打骂、体罚，严格中包含着说理、引导和启发，严格要求应与尊重、信任、关心、热爱孩子相结合，做到严中有爱，爱中有严，严爱结合，刚柔相济。

孩子长时间在父母的严格要求下，会出现反常心理，如一个严厉的父亲以传统观念来严格要求孩子，首先孩子会把这种过时的东西极为愤怒地抛弃，但对于父母的严格又无法摆脱，在这种情况下，他只好听天由命地把自己孤立起来，时常会把自己的内心世界紧闭着，最终做出一些别人想不到的事来。

这时才去请教心理医生，深感自己过去的过失，这样会花大量的时间去补救也是没有办法的，早知如此何必当初。

另一方面，现在的孩子是三管一，有父母的爱，有外公、外婆的爱，同时还有爷爷、奶奶的爱，得到的却多数是溺爱。

在家庭中孩子处于中心位置，想要什么就可以得到什么，想做什么总是有人帮忙，什么都是无所谓的状态，就造成他们遇事只求自己合适，很少考虑他人和集体。他们缺乏责任感，不能很好地处理个人与他人、个人与集体、个人与社会的关系，而助人为乐、孝敬长辈、热爱集体却正是做人的基本道德。

很多情况下，爱是一种特殊的动力。没有爱，就没有文明，以至于没有社会。许多革命家、科学家和诗人都是出于对祖国对人民强烈的爱才奋斗终生，才做出杰出的贡献。著名诗人闻一多曾有名言"诗人主要的天赋是爱，爱他的祖国，爱他的人民"。

（3）要让"理"制约"情"并成为情的基础

要教孩子学会做人的道理，把他们培养成才，真正的家庭教育应该是寓理于情，情理结合，在亲子感情的伴随下进行品德教育，教他学会做人，把其培养成人。

护短、溺爱、娇纵、不管、不教，或滥用亲子骨肉之情和家长的权威，要求过高，责之过严，甚至打骂孩子，都违背家庭德育的规律和特点。

所以家长应该明白：你的孩子并不是你，你可以给他你的爱，却不是你的思想，因为他有他的思想；更不要因求好心切而做出不适合孩子实际的要求；不要因怀疑孩子的能力而事事代劳。请勿用"金钱"打理一切，再多的金钱也抵不过真情的价值，也买不到日后在社会上生存的能力，更买不到健全的人格。

父母是孩子的第一任老师，孩子在上学之前很容易受父母的影响，模仿父母的行为。因此在教育孩子的时候一定要起到榜样的作用。要加强自身的素质，同时要在家中养成良好的家庭环境，另外还要注意教育孩子的方式，要从各方面努力，做好孩子的第一任老师。

注意培养孩子的主人翁意识

提到家庭教育，大部分家长脑子里立刻反映出课余教育这个概念，诸如培养业余爱好，如拉小提琴、弹钢琴、练毛笔字等等，或拓宽知识面，以及其他方面的知识与技巧的教育。

但这些都不是主要方面，一个孩子再聪明、有知识、有技巧，但缺乏责任心与综合能力，也是不健全的。从小到大，我们的孩子在很多方面需要有超常的地方，有时责任心与能力比知识性的技能要重要，若以纲与目来比喻，知识是目，责任心与其他素质是纲，只有在纲准备好的情况下，才能运用目，这便是所谓"纲举目张"。

儿童素质及综合能力等许多方面都是在家庭中培养出来的。在走向社会后得到更合理的运用与发展，现代家庭有着与旧家庭根本不同的特点。

绝大部分家庭都有比以往更好的生活条件，能使孩子完全脱离为家庭生活操劳分忧的境地，将精力放在自身成长的需求上。大多数的家长对孩子的愿望是：现在生活好了，我们不需要你为家操一点心，只要你做个好学生，将来有作为，我们再苦再累也心甘情愿。

父母们认为：现在条件好了，我们要为孩子争取一切可能的机会，为他们提供最好的学习条件，给他们最好的生活待遇，愿他们能出类拔萃，不负父母一番苦心。

有时事与愿违，越是怀着这种心态对待孩子，孩子越是辜负他们的期望，这种现象似乎令人费解。但如果我们仔细考虑一下大人的这种心态对孩子的影响，就会懂得所以然。

在这一切比原来都优越的物质条件中，一些对孩子成长十分必要的因素被遗漏了。一些必须教导孩子遵守的规则被看轻了，这一变化的影响可以在新一代的儿童身上清楚地看出来。

生活环境改善了，学校设施更新了，新的教学法、各类课外辅导、父母的全力支持，这一切是否促进我们的孩子更发奋读书、更自觉要求自己呢？

情况并非好转，而且恰恰相反，孩子的学习自觉性差了，对自己的上进要求也降低了，然而更主要的是孩子的责任心被丢到脑后了。这里有受电视和别的一些大众娱乐传播物质享受的影响，但关键的是环境的改变使孩子们失去了重心。

在以往比较艰苦的环境中，孩子们更多地参与家庭的生活筹划，帮助父母持家守业，照顾兄弟姐妹，知道父母维生之不易，自己必须为父母承担着一部分责任，尽自己的义务包括照顾弟妹，省吃俭用为家里减少生活负担，看见父母为照顾一家生活而辛苦劳作，感到自己肩上的责任，希望有一天能够为父母解忧去烦，这一切都使孩子从小看到自己生活的意义，从此而生自豪感和责任心。

当然，随着孩子年龄的增长与社会接触面的扩大，这种责任心与自豪感的内容也会增长、扩大，不只局限于自己的小家庭。但从小家庭中培养出来的这种感觉，却是增长未来责任感的基础，家庭没有这种基础，对人民对社会对人类的责任感与使命感更不知从何而来。

一个没有责任感、没有价值感的孩子，因为找不到自己的生命在社会中的地位与重要性，便会感到迷惘，而失去创造成就的动力，而容易为一些物质性的、轻浮的事物而吸引，沉溺其中。

我们今天的新一代享受着前所未有的物质文明等一切便利条件，独生子女优越的生活条件使儿童的自我为中心的倾向加重。虽然我们不断地教育孩子，自己的成长关系着国家的命运、民族的长盛不衰，要为祖国而学，为人类进步而学，但由于没有用更现实可能的目标与体会来鼓舞、激励他们，这些长远的目标就显得空洞，缺乏实际意义。

这就需要父母与社会教育工作者一同找出途径与手段，来弥补成长中的孩子在新的社会环境中所缺乏的重要一课，找出对孩子们成长有根本意义的家庭社会因素。

这不是一件容易的事情，因为我们做父母的同样面临着新的社会环境对我们的挑战，许多东西是我们所不熟悉、甚至没有见过的。随着社会进步我们的观念也需不断变化，在以往的传统教育中，不可能找到现成的答案。要靠我们不断地探索、研究、借鉴与学习。

在此方面我们可以从美国社会的经验中得到一些启发与教益。

美国自二战以来，经济骤然膨胀，人口分布从以乡村和小城镇为主转入以大城市为主，家庭成分也从家庭聚居变为父母加孩子的小家庭模式。

而且由于职业变更，家庭迁徙，往往小家庭独处一地，与家庭的其他成员相距甚远，切断了儿童与大家庭成员之间的联系，失去了家族成员互相关照的这层屏蔽，以往表兄表妹、叔叔婶婶、爷爷奶奶所能给予的陪伴与启蒙也随之远去。每个人都直接面对社会，所能依赖的只是自己的父母，而学校是给予孩子们社会和生活经验的纽带。

最具根本性的变化是二战后经济的腾跃，使一般家庭的生活水平直线上升，水准越来越高，各类电器进入普通家庭，电脑的普遍使用，也将孩子参与家务劳动的义务解除掉。

在这一时期出生的儿童是第一代不需为家庭的温饱分担任何责任的人，他们从家长那里得到的信息是："别惹麻烦，好好读书，照父母和老师讲的去做，感激我们为你做的一切。"而非像从前一代人那样，孩童时代从生活中领会到的是：我对整个家庭的生活好坏起着重要作用，我的父母及家庭需要我。

社会的变化给年轻人带来了很被动的性格基调，责任心的变弱决定了他们在上进心、纪律性及荣誉感上普遍弱化，这一代人认为无论他们的学习或行为如何出色都不会对周围的人与事发生影响，他们对别人也不会有什么帮助，而他们的一生都已被别人规划好，只是照此实现而已。

表明他们体现价值的唯一方式是满足别人为他们设定的目标，而不管他们的个性与特殊性会不会为社会所接受。

这种社会环境变化所带来的儿童社会地位的变化影响是深远的。第一批新儿童1963年走出高中校门，与当时的其他社会问题——种族歧视、越南战争相结合，新青年们卷入了社会问题的旋涡，不知如何是好，美国看到了前所未有的青年问题：暴力、酗酒、毒品、早孕、自杀等。全社会都面临着来自一代人的挑战。

在这历史性的困难面前，美国社会开始反思，生活的富裕为青年们带来的究竟是什么，在对青年的培养中，美国学校的教学大纲，究竟遗失了什么。对家庭教育的深思熟虑也就是从这时候开始，关于青少年的家庭教育的研究逐渐被重视起来。

在众多专家的意见与建议中，有许多是针对现代教育环境的根本缺陷而发的，即在现代社会中如何提高孩子的责任心与荣誉感，如何鼓励孩子的自信心及训练孩子的纪律性。

一个对培养孩子的责任心与荣誉感非常有帮助的建议是：无论在家庭和学校，都要让孩子充当一些有意义的角色，使他们感到自己的行为对集体所产生的重要性，同时也培养他们战胜自己弱点、增长各种能力的信心。

在美国从幼儿园开始，孩子们就轮流担任老师的助手，帮助老师组织各种活动，以锻炼他们的责任感和能力，孩子们都很愿意参与，并为自己日渐增长的能力感到自豪。

如果我们的家长能够向孩子多敞开一些交流的大门，向他们讲一讲成年人的苦恼，家事的烦琐，工作的困惑，使孩子从小就懂得父母之不易，生活之艰辛。产生为父母分担忧虑的念头，而父母应捕捉住孩子的心愿，对他们的理解与分忧的愿望表示欣赏，并且为有这样懂事的孩子感到骄傲。

父母聆听他们的意见，采纳他们任何有价值的建议，欣赏他们任何帮助父母和家境的举动，这些都激发孩子的责任心和能对家庭有所助益的自豪感。让孩子对父母的工作经历及家庭的日常事务进行了解与分析，也是孩子洞察世事、了解生活的好途径，锻炼他们的分析、判断与处理事物的能力，为孩子将来走上社会打好基础。

一般来讲，与中国父母相比，美国家庭中父母与孩子的关系要更加平等，有更多的伙伴成分在内，那种过分严格的家长制式家庭相对少些。孩子对父母的工作比较清楚，对他们工作中的一些项目也有所了解，而对家庭中所发生的事情与活动也有更多参与。

美国家庭教育机构鼓励家长们定期举行家庭会议，提供一个对家庭事务及与孩子有关各项事情各抒己见的机会。这种形式的活动，增强了孩子的主人翁感，提高他们的责任心，是培养健康、平等、融合的家庭关系的好方法。

从锻炼说话开始，让孩子成为一个优秀的人

锻炼孩子的幽默感

孩子贫嘴有很多好处，比如可以活跃谈话气氛、拉近人的距离，贫嘴的人往往性格都很好，天性乐观、开朗热情、心理健康，等等，尤其是贫嘴的人嘴上功夫都很出众，嘴皮子都很溜，所以，如果孩子不过分的贫嘴，父母不必干预，让他们偶尔贫一下，对人对己都没什么坏处，还可以锻炼孩子的口才。

但当孩子贫起来没完没了，油嘴滑舌，甚至不分对象、场合，大事小事都贫，并严重影响了和别人谈话的时候，父母就必须制止。例如妈妈和孩子说："儿子，我跟你说一件事。"儿子接道："事事事，都是事，何时无事？"这个时候，父母就必须对他说："请你不要再耍贫嘴了，等妈妈把话说完，你再去表达好吗？"

要改变孩子爱贫嘴的毛病，最好的方法是让他学会幽默。贫嘴充其量是幽默的初级阶段，会幽默的人才是真正好口才的人。父母

要让孩子多读书，尤其是一些幽默大师的作品，以此充实自己的内涵，做一个有思想、有深度的人，这样的话，他就会摒弃贫嘴的毛病而爱上幽默了，说起话来自然就不会流于肤浅了。

拒绝不雅口头禅

小梅今年12岁了，她平常特别爱看偶像剧，里面的台词都很熟悉，经常和同学们讨论剧情和台词。

有一天，小梅的表弟来了，和表姐一起玩，还没玩多久，表弟就和小梅爸爸说："表姐不欢迎我，我要走了。"

"不欢迎你？你们俩不是玩得挺好吗？没有看到她有不欢迎你的举动啊。"小梅的爸爸说。

表弟委屈地说："表姐说让我'滚'，而且说了很多次。"

爸爸一听，连忙过去问小梅："你为什么让表弟'滚'呢？表弟怎么得罪你了？"

小梅一时有点糊涂："我没有让他滚啊。"突然又想起来什么似的说："哎，我那是口头禅，说说而已，哪里是真的让他滚啊。"

爸爸教训他说："这种口头禅怎么能乱说呢，别人要当真了怎么办？"

小梅还没觉得有什么不妥："偶像剧里不都这么说嘛？你们不知道，这样说话很时髦的。"

和小梅一样，很多孩子都有口头禅，有的孩子喜欢在说话中说"嗯"；有的孩子说话时总是喜欢这样开头："哎，你知道吗？"；有的孩子不管别人说什么，接话时总是喜欢说这一句："是不是？"

这些口头禅本无伤大雅，只是个人习惯罢了，但有些口头禅就不可取了，例如："傻瓜""笨蛋""神经病""白痴""要你管"等，这些口头禅不仅让人觉得没礼貌，还会伤害人的自尊。

有些孩子的口才本来很不错，但正因为有了这些不雅口头禅，损害了孩子的个人形象。再加上网络流行语、电视流行语对孩子的冲击，他们会在说话时胡乱运用，让人听起来不仅别扭，甚至哭笑不得。

其实，口头禅只是一种说话习惯，并非孩子的真正意思。例如，"你去死吧"，并不是真的让人去死；"你傻啊"，也不是真的说对方傻。但应该让孩子知道，虽然你的本意并非如此，但听者也会觉得不舒服，甚至会导致误解和不快，不但影响谈话效果，还会影响人际关系。所以，父母一定要督促孩子改掉这些不雅口头禅。

但既然是习惯，一天两天是不可能改掉的。而且有些口头禅，孩子也是无意间形成的，连他自己都不知道给别人带来了不快。所以，父母对此也不要大动肝火，而是要看孩子的口头禅是怎么形成的、有什么样的后果，如果无伤大雅，就提醒他们收敛；如果是不雅口头禅，严重影响了孩子的人际交往，则必须让孩子立即改掉。

下面就来和父母探讨一下，怎样帮孩子克服掉不雅口头禅这个不好的习惯：

（1）分析孩子形成不雅口头禅的原因，对症下药孩子的口头禅形成的原因很多，有些是大人的原因，比如有些父母总爱说孩子："你这个小猪头，怎么这样不小心呢？""又碰到你的猪头了吧。"或者"昏头了吧，这么简单的问题都把你整糊涂了。""又昏头了，课本都忘学校了。"

　　孩子的模仿能力很强，大人的不雅口头禅，孩子都会照单全收，所以父母也必须反省自己的言行。

　　有些孩子的口头禅是从影视作品中学到的，比如一些台湾的电视剧爱说："死翘翘的啦。""切！"一些含暴力情节的电视剧里的人物爱说"老子"如何如何，孩子觉得这些口头禅说起来很时髦、很像大人，就学着说。

　　父母就要让孩子明白：这些口头禅不符合孩子的身份和年龄，也是没素质的表现，不能乱说；不雅口头禅说得再利索、再时尚，也不代表口才好，真正口才好的人首先是个有礼貌、有素养的人。

　　（2）按孩子的口头禅去做

　　孩子的口头禅都只是说话习惯，并非他真正的意图，父母在孩子说口头禅的时候不要直接指责，不妨按孩子的口头禅的意思去做，让孩子明白自己的口头禅是不妥的。

　　例如，孩子说："滚！"父母可以接着说："那我真的滚了啊。"孩子就会马上道歉："对不起，对不起，我说的不是这个意思。"只有让孩子自己觉得他的口头禅是不妥当的，才会有意识地去改。

　　（3）让孩子换个词，再说一遍

　　在孩子说不雅口头禅的时候，父母也可以这样做：让孩子换个词，再说一遍。例如，孩子和同学在做作业，有一道题同学不会做，请教孩子，孩子说："你这个笨蛋，怎么这都不会？"

父母如果听到了，就要严肃地对孩子说："你刚才说什么？怎么能说同学是笨蛋呢！换一个词再说。"只有这样，孩子才能明白说话不能无所顾忌，必须考虑别人的感受。

说话温和谦逊，带刺不可取

小刚平时的时间都用在了学习上，业余时间很少玩乐，课外知识知道得不多，体育锻炼也很少参加。他意识到自己这样下去不太好，于是就想和同学们多接触接触，改变一下自己。

这天一帮同学聚在一起聊天，小刚走了过去，想参与其中，一个同学看到他走过来，就说："哟，书呆子来了。"

小刚有点儿不好意思，问："你们在聊什么啊？"

一个同学看了看他，对着其他同学说："咱们刚才是不是在说外星人啊？"

小刚一听，脸上挂不住了，他知道这个同学在笑他什么都不懂，就像是外星人一样，于是，小刚离开了聊天的同学们，来到了操场，想和同学们打打篮球。

一个同学听到他要打球，趾高气扬地说："要和我们打球啊，看到没，那边一年级的小朋友正在拍皮球，你先去练习练习，然后再来和我们打。"

小刚一听气得眼圈都红了："就算我篮球打得不好，你也不能这么挤对人。"

现在的孩子口才越来越了得，知道什么是指桑骂槐、绵里藏针，骂人都不带脏字，嘲讽别人更是拿手。不过，这样说话的孩子可不算是好口才，一个喜欢对他人冷嘲热讽、说话带刺的人根本就没弄明白什么是真正的好口才。

好口才的人说话以"愉人愉己"为最高境界，打着开玩笑的旗子来挖苦别人，把嘲讽别人当作一大乐趣，说话就是为了过过嘴瘾，把自己的乐趣建立在别人的痛苦之上，这样的人只是误解了"好口才"的定义。

一个好口才的人说话首先要有真诚、温和、谦虚的态度，没有这样的态度，再会玩嘴皮子，也只是在玩弄说话的技巧，不可能成为口才大师。真正好口才的人首先是一个内心宽厚、有修养的人，其次才是纯熟运用说话技巧。

而有些孩子不说则已，一说就伤人，甚至不伤别人誓不罢休，尤其喜欢高高在上，以语言控制别人，这样的孩子有强烈的优越感，是极端自负的心理在作祟。如果不改掉这个毛病，孩子以嘴巴得罪的人会越来越多，好口才也将无从谈起。

所以，父母一定要帮助孩子纠正这个毛病，可以从下面几个方面来着手：

（1）让孩子明白说话带刺是伤人伤己的事情

说话带刺会伤害别人，这是毋庸置疑的。同时，这也会给自己的内心带来伤害。

孩子的本质都是好的，内心深处总还是善良的，当看到别人因为自己的言语而受伤的时候，刚开始可能还有一丝快意，但平静下来，都会后悔自己的行为。特别是对方为了保护自己也会说出更难听的话，那么双方的心里都会受到伤害，甚至留下难以愈合的伤疤。

就像故事里的小刚，在同学们奚落他是外星人的时候，若这样回敬同学："我是外星人，但不管怎么说，还是一个学习好的外星人，不像某些人，考试成绩是鸭蛋，回家经常挨棍子。"

如果小刚真的这么说，那么那个奚落他的同学心里能好受吗？所以，父母一定要让孩子明白说话带刺是个得不偿失的事情，真正好口才的人是不会这样说话的。

（2）让孩子用平等的心态对待他人

孩子之所以爱嘲笑、挖苦、奚落别人、说话带刺，有一个很重要的原因就是心态没摆正：自负、自大、高高在上，看别人总是不顺眼，不教训别人几句心里就不舒服。例如看着穿着朴素的同学，就嘲笑他们："哎哟，现在正流行'乞丐装'，你可真会赶时尚。"

对于这样的孩子，父母首先要让他们摆正心态：别人的生活条件也许不如自己，也可能没有自己优秀，但在人格上和自己是平等的，自己没有资格嘲笑他们。

其次，父母要让孩子知道，喜欢挖苦、讽刺别人是他在优异口才之路上的拦路虎，不改这个毛病，就收获不了好口才。

（3）不做说话带刺的父母

孩子爱说话带刺，父母很可能是孩子这方面的第一任老师。有些父母觉得孩子的字写得不好，会这样教育孩子："瞧你这字写得龙飞凤舞的，真是中国第一大草书书法家。"孩子的学习成绩不好，父母这样批评孩子："成绩不错嘛，几门功课加起来，刚好是一根油条、两烧饼，行，明天早餐你就吃这个吧。"

这样的说话方式，估计孩子在难受之余也不得不佩服父母的"口才"，不跟着学才怪呢。所以，父母必须改变自己这种阴阳怪气的说话方式，用正常的方式、语气、语调和孩子说话，才能让孩子的口才往健康的路上发展。

培养孩子的成功意识

　　未来社会的人才竞争离不开知识，缺少不了体能，但"成功意识"却显得尤为重要。对于拥有丰富的知识和强健的体魄，大多数人是深有同感的，而对于"成功意识"的认同却要淡漠很多。作为家长要想使自己的孩子学业有成、早日成才，从小注意培养孩子的成功意识至关重要。

　　我们这里所说的成功意识就是孩子迫切希望和要求自己通过努力达到预期目的以实现自我，做出为人们所注意的成就的心理倾向和品格。

　　俄国教育家乌申斯基指出："人的性格主要是在幼年时期形成的。人在幼年时期形成的性格是非常牢固的，并将成为人的第二天性。"所以，对孩子成功意识的培养应及早进行并坚持不懈使之形成牢固的性格。

　　　著名生物学家达尔文小的时候是一个爱说谎话的孩子，他得到了几块化石，便说是价值连城的珠宝，而且还故意向同学炫耀说自己发明了一种"秘密液体"可以改变花的颜色……

　　　家里人知道后很气愤，姐姐要求父亲严加管教。可是老达尔文没有简单从事，他观察孩子的平时爱好，了解到孩子的谎言并非事出无因，而是自身的兴趣追求、智慧的萌动与渴望成功等方面结合的产物。

父子俩朝夕相处，老达尔文进一步认识到孩子的许多谎言是创造性幻想，他如同一座将要爆发的智慧之山，将来肯定会大有出息，因此非但不批评，反而鼓励他那些创造性幻想。

教育心理学家认为，许多家长都没有尽到自己的责任，他们的孩子在成长中家长没有投入足够的时间和精力，没有把青少年的教育放在首位。培育青少年的成功意识，需要家长投入大量的时间与孩子相处，对于他们那些"出格"的言行和想法不能人云亦云。老达尔文在这方面为我们做出了很好的示范。

孩子的成功意识可以在日常生活中、在游戏中得以培养，并非一定要在学弹钢琴或干成其他事业。例如摆积木，有的孩子一时摆不好，便气恼地推倒或乱摔一气。这时家长应该耐心地引导孩子摆好。而不应该说："摆不好就算了，不摆积木我儿子也会有出息。"

再如，有的孩子想自己洗手绢或干别的家务，家长就该尽量鼓励其干好，而不要阻止或不放心地说："你干不好，妈妈干吧。"或当孩子真没干好时说："你看不行吧，以后不要再干了。"等等。

因为这时孩子虽然没有摆好积木，没干好家务，但他内心已渴望成功。只是孩子大脑尚未发育成熟，其意志力还很脆弱，还不能完全靠自己正确对待挫折和克服困难，还需要大人们的鼓励和帮助。

如果孩子及时得到了家长的鼓励成功了，这就使他从实践中和心理上体验了成功的全过程。孩子也会从成功的愉悦中，产生再次成功的强烈愿望。无疑，这对其良好的意志品质的形成起着十分重要的作用。

反之，处处受到限制，就会使孩子缩手缩脚，产生怯懦心理而不敢进行成功的尝试。这样一次次的无助、被打击和失败还会使其失去取得成功的勇气和信心而自暴自弃。

当然，所谓帮助，绝不是代替。孩子已有很强的独立意志，什么事都希望自己做，因此，父母应该鼓励这种行为。使其在自己动手做的过程中增长才干，增强其成功意识。

不过也不能放任自流，听之任之。很明显，孩子是不成熟的，行为没有明确的目的性。听之任之，会使孩子养成盲目蛮干的坏习气。放任自流，得不到指导又使其养成干事无条理，干好干坏无所谓，对事不负责任的不良倾向。其结果自然达不到培养成功意识的目的。

因此聪明的家长应尽可能地预见和捕捉孩子要求独立活动和渴望成功的意向和新欲望。千方百计促其实现。如唱好一支歌、复述一个故事、跳好一次舞蹈以及做好一次值日和家务等等，使孩子不断完善成长。

孩子不但有很强的成功欲望，而且有很大的潜在力。这就要求父母尽力挖掘这种力量。当孩子想干事时，只要有益，大人就要热情支持。其效果有时竟会是出人意料的。

所谓挖掘孩子的潜力也不是无限制地拔高，而是要适时不断地为孩子定出较为合理的目标。根据心理学家的试验："当任务是中等困难和程度时，追求成功的意向最强烈。"

换句话说，当成功的可能性是５０％时，他们最愿意追求成功。这对于动机弱的人来说更是如此。由此可见不管是成就动机弱，还是动机强的孩子都可以培养成功意识，其关键的问题是安排任务要适当。

换言之，培养孩子的成功意识，不能一味给孩子安排太简单的任务。例如总让四、五岁的孩子做五以内的减法。孩子会感到乏味而不愿意做下去。也不能安排太难的任务。如三四岁的孩子仅有五至十以内数的概念，却偏要他做一百乃至更多数的运算，他便会感到太难而望而却步。

我们强调培养孩子的成功意识，并不是说，事事要孩子成功。因为经不起失败考验的成功意识是一种脆弱的意识或品格。从根本上说，那不过是一种侥幸心理，算不得真正的成功意识。只有经过挫折、失败后，获得的成功意识才是牢固的、有意义的。

另外，孩子也不可能事事成功。从本质上讲，不成功也是一种成功。因为重复的是参与，是磨炼造就一种精神，一种百折不挠、不断进取的精神。

朋友给我讲过这样一个故事：

　　记得有一次，到电视台看一场少儿竞赛表演节目。有一个７、８岁的小女孩很用心用力地演出，但还是不幸被淘汰出局，小女孩在台上哭得很伤心。

　　尽管主持人用各种鼓励的语言来安慰，小女孩还是因为伤心而不停哽咽着，甚至都忘了应付主持人的安慰之语，非常不情愿地转身下台。台下她的父亲看起来很激动，一把抓住女儿瘦弱的肩，大声地斥责着什么。

我坐在离父女俩不远的地方，隐隐约约听得出父亲对女儿咆哮。愤怒的内容听不清楚，或许是在责怪女儿表演不成功，没发挥水平。也或许嫌女儿当那么多人痛哭流涕太丢人。小女孩垂着头，一颤一颤的样子很让人心疼，看起来是被突如其来的失败和吼叫吓坏了。

其实选择了参加比赛，就该知道结局无非是两种，成功或者失败，失败的概率又往往大于成功指数。孩子幼稚的心理还不能很好地对待得与失、利与弊，这个时候大人的引导对孩子而言尤为重要。小女孩的父亲尚不能正确对待比赛的结果，只看重结果忽视了过程，小孩的心理素质可想而知。

如果那个是你的女儿，此刻，面对她的失败，你该怎么办？一个7、8岁的女孩子，能够在台上当着那么多人的面表演节目，已经很不容易了。假如不能给她一个安慰的拥抱，那就尽量对她微笑。当她流着泪从台上下来，不要让她流着泪接受失败，告诉她，我们还有下次成功的机会。

还记得吗？当我们的宝宝摇摇晃晃学步的时候，一步两步三步……跌倒了，我们都知道不要去扶他，而是鼓励他："宝宝不哭，宝宝勇敢，不要怕摔倒，站起来，再走给爸爸、妈妈看看！"

就这样，宝宝在我们的鼓励下，从地上勇敢地爬了起来，迈开小步，一步、两步……再跌倒，再爬起，再行走，再跌倒，专注认真，坚忍不拔……直到一步一个坚实的脚印。

可以说，在教孩子学走路时，我们是自信的，是允许孩子失败的，是鼓励孩子不怕失败的。因为，作为父母的你知道，跌倒是孩子学会走路的必经之路。

只有身为父母的我们，能够微笑面对孩子的失败，那未来孩子才能在奋斗的路上永不言弃。

父母要学会给孩子道歉

父母要把自己当成是与孩子平等的人，在犯了错误后，要学会向孩子道歉。

有关教育专家提出，"当父母发现自己对孩子的态度过分气愤、严厉时，或者从孩子的言行中，明显感觉到他自尊心受伤时，就该向孩子道歉，抚平孩子心灵的创伤。"敢于向孩子道歉的父母不仅不会失去威信，而且会获得孩子的信任和尊敬。

陈晖在她的著作《享受成长》中记录了这样一件事：

该吃饭了，可儿子看电视正在兴头上呢，连叫几声，只是三个字："等一下。"说他几句，他倒说我烦，把门一摔，饭也不吃，躲进自己房里蒙头睡觉去了。我气不打一处来，没理他，倒是他爸爸劝得他去吃了饭。

第二天，我便把此事给忘了，坐在沙发上正看着电视，儿子走了过来。

"妈妈，对不起。"

"怎么啦？"

"我昨天惹你生气了。"

"哦，知错了就好。你是妈妈的儿子，妈妈不会总记着的。"我当时心里一阵激动，我知道，儿子这是还我的"对不起"来了。

因为就在前几天，我曾在气头上冲儿子嚷过一句作为家长最该忌讳的话："你给我滚出去！"可没一会儿，我便意识到自己的不是，当即便跟儿子赔礼道歉了。

哦，"对不起"，你又让儿子给送回来了。

孩子喜欢敢于道歉的父母，他们会把父母当成知心朋友一样看待，愿意听从父母的教导，努力做得让父母满意。

邓小平8岁那年，父亲邓文明发现钱箱里的钱少了5个大洋，于是，他把全家人都叫来，打算查清楚是谁拿的钱。"到底是谁做的？"父亲铁青着脸，大家都紧张地你看我，我看你。

这时，邓小平自觉地承认是他拿的，并拿起一根棍子递到父亲手里，转过身去示意父亲打他。这可不得了，年仅8岁的邓小平要这么多钱有什么用？5个大洋在当时可以买到500斤稻谷，这可是一笔不小的数目呀！更为严重的是，他要钱却不跟父母要，居然偷了家里的钱！这可是一件不得了的事情。

极度生气的父亲没想到自己的儿子偷了大洋，气得脸都变了色，立刻拿起棍子就把邓小平打了一顿。邓小平的母亲想要阻止丈夫打儿子，但是，一看邓文明那张铁青的脸，她没敢说话。

邓小平一声不吭，任凭父亲鞭打，泪水在他的眼眶里转，却硬是没有流下来。打完后，父亲想想事情有点蹊跷，平时这孩子很知道节俭，给他零花钱都舍不得花，今天怎么偷偷拿这么多钱呢？于是，他又把邓小平找来，耐心地问他原因。

刚开始，邓小平不愿意说，后来，在母亲的开导下，他才止不住眼泪，把事情的经过告诉了父亲。

原来，前几天在放学时，邓小平跟往常一样与一个极要好的同学一起回家。那天，这位同学却一脸苦闷，在邓小平的盘问下，同学居然急得哭起来。他告诉邓小平，妹妹生病了，家里却没有钱给妹妹看病。邓小平看到同学痛苦的样子，非常同情。

回到家里，邓小平一夜没睡好觉。第二天早上，他悄悄拿了父亲的5块大洋，一到学校，他就把这5块大洋悄悄地塞给了那位同学。

挨过打的邓小平对父亲说："同学的妹妹生了重病，他们家没钱看大夫，我就……"不等邓小平说完，父亲已经认识到自己错怪了孩子。他把邓小平拥在怀里说："孩子，你做得对，是父亲错怪你了。我不应该不分青红皂白就打你，但是，我打你的时候，你可以把事情的经过告诉我呀？"

懂事的邓小平对父亲说："我虽然是在帮助同学，但是，我没经过您的同意就拿了钱，是偷窃行为。您曾经说过，小偷是应当受到惩罚的，所以我应该受到惩罚。"

父亲满意地看着已经长大的儿子说："儿子，你能主动帮助别人是值得表扬的，而且你很诚实，父亲以你为豪。但是，你要记住，遇到什么事情应该跟父亲商量，你不会不相信父亲的为人吧？"

邓小平高兴地说："我知道了，父亲。"

在父亲的教育下，邓小平一直是一个十分诚实、喜欢助人为乐的人。

家庭是一个小型的社会，父母与孩子之间是平等的。当孩子做错事的时候，父母都要求孩子承认错误；当父母错怪孩子的时候，为什么就不能向孩子道歉呢？

父母在孩子面前承认错误，表明父母赏识和尊重孩子，这样不仅可以让孩子学会做人的原则，而且能让孩子对父母产生由衷的敬意，家长的威信才会真正树立起来，亲子关系也会进一步融洽。

美国教育家斯特娜夫人说："一个勇于承认错误、探索新的谈话起点的父母，远比固执、专横的父母要可爱得多。"事实上，能够向孩子道歉的父母大部分是孩子信赖的人。

当父母向孩子道歉时，一定要保持诚恳的态度，用温柔、关怀的眼神面对孩子，坦诚地和孩子进行沟通，同时，可以温柔地摸摸他们的头或给予他们一个拥抱。父母的道歉必然让孩子感动，从而建立良好的亲子关系。

不要在发脾气的同时给孩子道歉，这样才能让孩子更好地接受你的道歉。不要轻易地因为孩子情绪的波动或者生气而给孩子道歉，不能为了取悦孩子而没有原则地自我否定，如果这样，会让父母的威信丧失，在孩子面前显得无能为力。

在倾听之余，你需要告诉孩子的一些话

父母都希望能帮助孩子取得成功，那在帮助孩子成功的路上有什么是父母要告诉孩子的？

告诉孩子：时刻牢记自己的方向

20世纪上半叶最出色的指挥家，大概非意大利籍的托斯卡尼尼莫属了。他是在一个非常的偶然机会中，拿起指挥棒的。但是，为了等这个偶然，他却准备了很多年。

1876年，9岁的托斯卡尼尼考入了著名的帕尔马音乐学院，开始了他正规学习音乐的历程。他在音乐学院中学习大提琴，但他却并不满足于做大提琴家，于是他在音乐学院的9年学习中，像吸水的海绵一样贪婪吸收着各种音乐养分，他除大提琴外，还努力学习和声学、作曲法及室内乐等理论与实践课程。

从音乐学院毕业后，他在一家歌剧院拉大提琴。一次，当时的指挥与乐团团员发生争执，并依着他的声望，在报上公开指责剧院，且在演出前扬长而去时，观众将临危受命的助理指挥，合唱指挥轮番嘘下台。

在苦无对策之下，团员只好把懂钢琴、曾主修诗班指挥、也熟记乐谱、却从来没有上指挥台的托斯卡尼尼硬请出场，于是他就把大提琴放下，走上指挥台，拿起指挥棒……

一些已经站起来、正准备离开的听众，接着又静静地坐下，竖起耳朵，聆听这名不见经传的年轻人的表演，开始是出于好奇，然后逐渐狂热，最后竟然喜极忘形，第一幕结束时，全场观众所爆发的喝彩，完全消除最初笼罩着整个音乐厅的愤怒和敌意，一位伟大的指挥家就从此诞生了！

有哲人说过，"如果你不知道自己的方向，你就会谨小慎微，裹足不前。"不少人终生都像梦游者一样，漫无目标地游荡。他们每天都按熟悉的"老一套"生活，从来不问自己："我这一生要干什么？"他们对自己的作为不甚了了，因为他们缺少目标。

制定目标，是意志朝某个方向努力的高度集中。不妨让孩子从一个清楚的构想开始，把目标写在纸上，并定出达到它的时间。莫将全部精力用在获得和支配目标上，而应当集中于为实现他自己的愿望去做、去创造、去奉献。

让孩子设想他正在迈向目标，这尤为重要。失败者常常预想失败的不良后果，成功者，则设想成功的奖赏。

很少人是一开始就没有目标的。但同时也很少有人能做到一直矢志不渝直到实现目标。在一个充满诱惑的环境里，"什么是我们的使命？"需要时刻明确在每一个人的心中，并在实际的行动中付诸实施。总之，凡是成功的人，做人做事都有很强的目的性，目标十分明确坚定。想想毛泽东、拿破仑、牛顿、居里夫人、爱迪生、老福特吧，这些人很清楚自己要达到什么目标，然后就埋头苦干，在工作中不断改进工作方法。

做事目的性不强的人必然浪费时间，而时间是成功者所能拥有的最大财富资源之一，时间和精力对于成功者来说，都是浪费不起的，所以鲁迅说，浪费时间无异于慢性自杀。

告诉孩子：要想成功，先要改变自己

一位长眠于地下的英国主教的墓志铭上这样写着：

> 我年少时，意气风发，踌躇满志，当时曾梦想要改变世界，但当我年事渐长，阅历增多，我发觉自己无力改变世界，于是缩小了范围，决定先改变我的国家，但这个目标还是太大了。接着，我步入了中年，无奈之余，我将试图改变的对象锁定在最亲密的家人身上。但天不遂人愿，他们个个还是维持原样。
>
> 当我垂垂老矣，我终于顿悟了一件事：我应该先改变自己，用以身作则的方式影响家人。若我能先当家人的榜样，也许下一步就能改善我的国家，再后来，我甚至可能改造整个世界。

这则墓志铭发人深省。墓志铭的主人生前的志向不可谓不大，但最终却一个目标也没有实现。为什么呢？因为他连自己都没能改变。等他明白过来应当由自己做起时，已是老之至矣，来日不多，心有余而力不足了，只好以自己的教训警示世人。

与墓志铭的这位主人相映衬的，是有着传奇色彩的美国商业大亨迈克·布鲁伯格。

布鲁伯格心中有三个永远挥之不去的梦想：成为联合国秘书长，改变这个世界；当美国总统，改变自己的国家；做纽约市长，改变自己的家园。但他却是先由改变自己做起，凭借他商业才能，打造了一个雇员超过三千，业务遍及全球的财务咨询公司，为自己挣下了亿万身价。

到这时，他亲手缔造的商业帝国已不能满足他的表现欲望，他急需拥有一个更大、更广阔的空间来表现自己多方面的才能，于是他开始身体力行去实现他的第三个梦想：做纽约市市长。

身处商业都市的纽约市民对经济强人的好感似乎与生俱来，他们最终将布鲁伯格推上了他梦寐以求的纽约市头把交椅的地位。

2001年1月，布鲁伯格接替朱利安尼，出任纽约这座世界最大都市的第108任市长。当然，为了这一天，布鲁伯格付出了常人难以承受的精力和时间，并为此花费了7000万美金，堪称全美身价最高的市长。

然而有人分析说，9·11事件之后的纽约已不再是人们眼里那个永远充满活力的纽约，布鲁伯格所面对的已不仅仅是重振纽约的经济地位的问题，如何处理因经济衰退而引发的一系列社会矛盾可能是他面临的更迫切的工作，况且布鲁伯格还有着政治经验上的先天不足。

不过布鲁伯格对此心知肚明，也早已准备好了一套方略：用销售员般的职业微笑来面对这一切挑战。在他的字典里，微笑是其在商圈里屡试不爽的制胜法宝。

人们有理由相信，这位一步一步由自己做起，已在打造商业商国、竞选纽约市市长上如愿以偿的志向奇高无比的人，一定能够扮演好他的新角色，并进一步去实现他要当美国总统、要干联合国秘书长的梦想。因为，他已为自己未来的成功打造好了坚实而牢固的基石，而这基石足以支撑起他想营造的任何一幢擎天大厦。

告诉孩子：不要等准备好了才上路

有一个农夫，计划到几里外的南山去砍柴。此为他准备了几天，把几把斧头磨了又磨，又砍制了一条崭新的扁担，搓了足够长的麻绳，还烙了一大堆葱饼。等他收拾停当上路赶到南山时，那一片山柴已被先到者砍了个精光，这个农夫只得无功而返。

1973年，英国青年科莱特和比尔·盖茨一起在哈佛大学念书。大二那年，比尔·盖茨找到科莱特商议一起退学，去开发32BIT财务软件。科莱特觉得这个主意太荒唐，拒绝了比尔·盖茨的邀请。

4年后，比尔·盖茨开发出了32BIT财务软件的试用版，注册了自己的公司，再次邀请大学刚毕业的科莱特加盟。但科莱特感觉自己的知识不够，再一次谢绝了邀请。

10年后的1983年，科莱特成了哈佛大学计算机系BIT方面的博士研究生；而退学的比尔·盖茨在这一年进入了美国《福布斯》杂志亿万富翁排行榜。

直到1995年，科莱特认为自己已完全具备了足够的学识，可以研究和开发32BIT财务软件了。而这一年，比尔·盖茨则成了世界首富。

科莱特的经历就像那个农夫，等他精心准备好了一切，却已经失去了宝贵的良机。而比尔·盖茨却果敢地停学创业，赢得了最佳的发展时机，及早实现了辉煌的成功。

他在接受《财富》杂志采访时说："我只是感觉自己应该创业了，当然那个时候有些盲目，我对自己的创业成功没有把握，但我感觉我的做法是正确的。那就是，该创业的时候，不能因为自己的某一点条件没有具备就要等待。事实上，要等到哈佛大学毕业后再创业，那么现在世界首富肯定不会是我，我敢肯定。"

和比尔·盖茨一样，爱迪生如果等到他知识水平达到一定程度后再搞发明，也许他就不会成为一个大发明家了。

爱迪生出生于一个灯塔管理员和木匠家庭，幼时只断断续续上过5年学，按现在美国的标准，只相当于两年多一点。他曾承认："在进行白炽灯实验时，我并不懂欧姆定律，我完全不管数字，我通过实验和推理得出结果，有些方法我完全不能理解。"

尽管如此，他在一生中却搞出了约两千项发明，对人类进入20世纪电气化时代起到了关键作用。

是的，比尔·盖茨没有大学文凭，但这并不妨碍他成为世界首富。爱迪生甚至不懂得欧姆定律，但这并不妨碍他发明数百种电器。想一想他们，我们就没有理由妄自菲薄，没有理由一味等待。

在孩子追求成功的道理上，只要有了一个念头、一丝冲动、一点兴趣，就要鼓励他立即上路。而条件是否具备其实无关紧要。因为，不具备的条件还可以在追求的过程中通过各种方式去完善和弥补。而有些东西，如时间、机遇，还有激情等，失去了也许就再也无法挽回。所以，告诉孩子，不要等准备好了才上路！

告诉孩子：认准了就做到底，坚持不放弃

某国最著名的推销大师，在即将结束自己职业生涯的时候，在该国最大的体育馆做告别演说。门票不菲，但还是座无虚席，人们在热切地、焦急地等待着这位当代最伟大的推销员做精彩的演讲。

　　大幕徐徐拉开，舞台的正中央吊着一个巨大的铁球。为了这个铁球，台上搭起了高大的铁架。一位老者在人们热烈的掌声中走了出来，站在铁架的一边。人们惊奇地望着他，不知道他要做出什么举动。

　　这时，两位工作人员抬着一个大铁锤，放在老者的面前。主持人对观众说：请两位身体强壮的人到台上来。转眼间已有两名年轻人跑到台上。

　　老人这时开口和他们讲规则，请他们用这个大铁锤去敲打那个吊着的铁球，直到把它荡起来。一个年轻人抢着拿起铁锤，拉开架势，抡起大锤，全力向他吊着的铁球砸去，一声震耳的响声，那吊球动也没动。他就用大铁锤接二连三地砸向吊球，很快就累得气喘吁吁。

　　另一个人也不甘示弱，接过大铁锤把吊球打得叮当响，可是铁球仍旧一动不动。台下震耳欲聋的呐喊声渐渐弱了下去，直至静得没有声响，观众都认定那是没用的，就等着老人做出什么解释。

　　会场寂静无声，老人从上衣口袋里掏出一个小锤，然后认真地面对着那个巨大的铁球。他用小锤对着铁球"咚"地敲了一下，然后停顿，再一次用小锤"咚"地敲一下，人们奇怪地看着老人。老人没说一句话，就那样"咚"地敲一下，然后停顿，然后再来这么一下……

10分钟过去了，会场开始骚动；20分钟过去了，有人叫骂起来，嘘声四起；30分钟过去了，人们用各种声音和动作发泄着他们的不满，有人撕了票，愤而离场。老人仍然一小锤一小锤不紧不忙地敲着大吊球，好像根本没有听见人们的喊叫。离去的人越来越多，会场上出现了大块大块的空缺。留下来的人们也骂累了，会场又静了下来。

大概在老人进行到40分钟的时候，坐在前面的一个妇女突然尖叫一声："球动了！"霎时间会场鸦雀无声，人们聚精会神地看着那个铁球。那球以很小的幅度动了一下，不仔细看很难察觉。老人仍旧一小锤一小锤地敲着，人们都认真听着那小锤敲打吊球的声响，充满着无穷的希望。

在老人一锤又一锤的敲击中，约一个小时后，吊球慢慢地越荡越高，他拉着那个铁架子"哐哐"作响，它的巨大威力强烈地震撼着在场的每一个人。终于场上爆发出一阵阵热烈的掌声，在掌声中，老人转过身来，慢慢地把那把小锤揣进兜里。

在成功的道路上，你没有耐心去等待一次成功的到来，那么你只好用一生的耐心去面对无数次的失败。要想成功，就要坚持不放弃地去做自己认准了的事，然后经常检讨自己，不断完善自己直到成功。